防彈筆記法

簡單輸出式筆記架構
保護高產出、高效能心流

電腦玩物站長 Esor

為什麼「防彈筆記法」值得一學？

作者：電腦玩物站長 Esor

這本《防彈筆記法》的書有何不同？首先，這本書不是要給你一大堆會議筆記、反省日記、學習筆記的範本，然後要你套著模板照著寫筆記。但是本書會給你許多寫出好筆記的流程圖，這些流程圖會展開筆記背後的思考方式，會讓你清楚看到如何把資訊轉化成有效筆記，更會清楚解析整理筆記的實際步驟，這套從接收、輸出到整理的「流程架構」是防彈筆記的第一個特色。

接著，《防彈筆記法》要提供給你一套最簡單、精準的管理方式，用來整理自己大量的資料，或是瑣碎的任務，乃至於許多想要實現的目標都會有幫助。簡單的意思是這套整理流程簡化到最少、最關鍵的步驟，我們可以輕鬆做到。精準的意思是，這樣的流程依然可以打造出不遺漏、不迷茫、準確推進專案的系統。這個「簡單、精準」的原則是防彈筆記的第二個特色。

再者，《防彈筆記法》充分考慮我們現實的困境：雜事太多？資料破碎？思考不靈？想法混亂？目標不明？所以不會只是教你寫出美好想像的筆記，而是要教你透過寫筆記來翻轉這些困境，並且保護自己的生產力。這個「保護生產力」的目標是防彈筆記的第三個特色。

如果有接觸過電腦玩物 Esor 之前著作的朋友，像是《大腦減壓的子彈筆記術》一書，針對的還是在怎麼建立一個筆記系統與資料庫。但正是在前一本書獲得許多讀者的回饋後，我發現要創造任務價值、保護生產力還有一個更根本的問題，就是「一則好筆記的內容如何寫出來」？並且在更深入的研究後，發現其實先在一則好筆記上透過動態流程持續演化，就會慢慢建立系統，而這才會簡單、精準的透過筆記幫助我們完成真正想要完成的目標。

而為了讓這套保護生產力的流程更清楚的呈現出來，除了書中有大量的流程圖表外，每個單元一開頭還有一個筆記表格，裡面會清楚呈現出這個單元要解決的問題、建議你採取的行動，以及這個單元與前後流程之間的連結，讓你用更加動態且環環相扣的方式閱讀這本書。

最後，我也準備了幫助讀者更方便學習這套《防彈筆記法》的資料，包含本書關鍵的流程圖整理，包含本書每個單元的筆記表格的數位版（方便你複製到自己的筆記，不用從零開始撰寫本書筆記！），歡迎購買本書的讀者參考：

本書相關數位資源頁面：
https://bit.ly/2022noteesor

Contents

Part 1

防彈筆記的改變

Part 2

防彈筆記的原則

Part 3
防彈筆記的流程

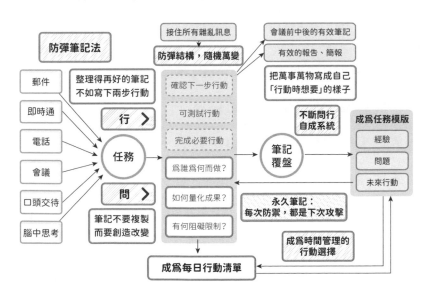

Part 4
防彈筆記的整理

Part 5
防彈筆記的應用

Part 1

防彈筆記的

改變

1-1

防彈筆記，
如何改變生產力？

目標成果	確認防彈筆記可以為我達到的效果
要解決什麼問題	在我們的多元需求人生中如何簡單保護生產力？
下一步行動	☐ 閱讀後列出自己有同感的所有成果 ☐ 選擇對現在的自己相對更有效益的成果，連結到相應章節學習
下一步連結	・如何捕捉與消化雜訊：〈3-1 防彈第一步：集中處理〉 ・如何建立內在循環系統：〈3-5 打造內在循環的覆盤筆記〉 ・打造可抵抗外在挑戰的健康內在系統：〈4-1 為什麼要清空大腦與建立第二大腦？〉 ・累積、修改出目標，而非規畫出目標：〈4-4 更新而非新增筆記，讓系統更穩固〉 ・不只是完成工作，而是創造價值：〈3-4 由下而上建立目標筆記〉 ・讓時間成為值得回憶的故事：〈5-3 把人生寫成一本屬於自己的書〉

✎ 防彈筆記法要帶你前往的目的地

「防彈筆記法」，是一套可以改變我們生產力的筆記方法。

如果你之前常常寫筆記，但就算換了再厲害的筆記工具依然無法有效完成目標任務，就算學習了很多筆記方法依然無法感受到巨大的效能效率提升，甚至很容易變成只是花很多時間在寫出漂亮筆記，或是花更多時間在整理筆記資料（或是想不清楚如何整理好筆記資料），結果真正要用來執行要事的時間反而沒有了。

如果你之前不常寫筆記，但常常意識到自己做事情很容易漏東漏西。或者發現自己的工作流程一團混亂，不只是搞不清楚輕重緩急，而是往往面對要決定下一步該做什麼的時刻就頭昏腦脹。也可能你常常覺得自己缺乏靈感，就算不寫文章，但要做報告時也是一個點子、想法都擠不出來。

於是在這些困境中，我們感覺到自己的生產力卡在某一個瓶頸，而那些混亂的工作流程、層出不窮的事務，加上誤以為自己沒有想法的腦袋，讓自己似乎永遠只能得過且過，總是處在焦慮挫折中讓事情不夠滿意的完成。

「防彈筆記法」，可以克服這些生產力困境。

　　針對已經很熱愛寫筆記，或是研究許多筆記工具與技巧的朋友，「防彈筆記法」可以提供給你一個完整的、內在的、能動的流程，這套流程從要捕捉什麼東西到筆記，以及如何消化這些雜訊開始，在筆記如何幫助我們完成任務後，開始一個可以持續最佳化的內在循環鍛鍊，並且可以幫助我們在應付未來新的任務時變得更加游刃有餘。這個「內在循環系統」是防彈筆記法與眾不同之處，他不是那種完成任務後就丟棄的筆記，也不是那種會累積一大堆以後根本不會拿出來看的筆記，也不是那種會讓你覺得寫了愈多只是被愈多事情追著跑的筆記。「防彈筆記法」就像是打造一個更健康的身體內在系統，強化我們的心肺能力、肌耐力、健康數值，而不是一直被外在的不健康習慣消耗，因為當我們的內在系統變得強健，反而能夠更輕鬆的應付各種外在的挑戰。

　　針對原本沒有很正式的寫筆記習慣，或者工作、生活系統本身也很不穩定的朋友，「防彈筆記法」可以用最簡單、最精準的方式，讓你上手一套「保護自己」的流程。他就像寫最輕鬆的筆記一樣簡單，但是透過我設計的防彈步驟，你就可以用

「累積」、「修改」、「逐步更新」的方式（而非要從頭打造），把那些混亂的工作流程變成清楚的下一步，把那些臨時意外的事件變成為我創造價值的目標，把那些累積多了反而帶來壓力的資料變成我真正可用的知識。混亂的工作、臨時的意外、爆炸的資訊，這些就像是現代社會射向我們每個人身上的子彈，為了不要被射成馬蜂窩，為了能夠做出真正有效的反擊，我們需要先打造自己的防彈系統，而這可以從寫出防彈筆記開始。

> 「防彈筆記法」，也要透過建構自己的記憶，創造人生的多元性，並利用系統保護好自己，讓我們更容易進入專注心流、安心穩定的狀態。

　　如果你在工作上的事務已經可以順利處理，但希望能更進一步提升自己的價值，讓自己不只是完成工作，而是創造可以幫助更多人、獲得更多收益的工作成果。如果你在生活與工作的平衡中已經有一套自己的習慣，但還是希望讓自己每一段的時間利用都能成為值得回憶的故事，讓自己在生活當中有著更多讓人期盼的追求。並且在這些多樣化的目標推進過程中，可以

自在切換不同的狀態，隨時都能更輕易的投入當下，在難免遇到挫折失敗時還是能有自信等待、潛沉、重新出發。那麼「防彈筆記法」最終要達到的就是為我們建構可以創造多元而豐富記憶的第二大腦，並在這樣的系統中幫助我們透過筆記做出更好的決策選擇，無論是我們正在成功路上，或是在挫折關卡中。

這本書，要邀請想要讓自己的筆記系統真正成為生產力系統的朋友，想要讓自己寫出來的筆記真正成為推進目標筆記的朋友，想要讓自己用最少時間寫出最能解決問題筆記的朋友，想要改變混亂工作流程的朋友，想要讓腦中自己的想法真正為我所用的朋友，以及想要自我成長、持續改變，但又能減少焦慮、穩定前行的朋友，展開一段「防彈筆記法」的旅程。

在這段旅程中，我會透過自己實踐十多年，上萬則持續更新的筆記單位（不包含那些被刪除、取代的筆記）的經驗，以及對於無數筆記方法、工具的研究學習，還有 600 多堂生產力課程、20000 多名學員中的關鍵案例，在這些過程中（這個過程就像是防彈筆記法所要強調的循環流程）不斷精煉、去蕪存菁後，跟大家分享：

✎ **如何掌握防彈筆記與生產力的本質原則。**

✎ **如何透過防彈筆記去活化各種生產力技巧與工具。**

✎ **以及防彈筆記在各種工作、生活、學習中的實際應用。**

✎ 我利用防彈筆記法完成的事

在斜槓這個關鍵字還沒開始流行之前，我就是一個同時擁有正職工作（出版社的苦命編輯）、自媒體經營（電腦玩物上的創作）、企業講師（各種時間管理、筆記術、數位工具課程）三重主要身分的斜槓工作者，並且在這超過 15 年以來的時間裡，我都同時兼顧這三個身分的自我管理，幫台灣許多優秀的作者製作出暢銷的書籍，在自己的部落格中獲得大量的讀者回饋與點閱，每年的企業課程數量都不斷創新高。

我也非常小心翼翼的保護好自己的家庭時間、私人時間，看重也很用心的經營與家人、孩子之間彼此成長的故事，更沒有忘記需要讓自己擁有一些零利害關係的休閒興趣，以及很多時候我也會想和老婆一起追劇、打電動。

在這樣的過程中，為我的斜槓創造時間，幫我保護好這些同時並進的需求、需要與想望的，就是「防彈筆記」。

打開筆記、撰寫筆記，在筆記中確認我的下一步行動，利用筆記系統幫助我向過去的自己取經，為現在的自己做好決策，為未來的自己累積目標、任務的新進度，這是我每天、每時、每刻的習慣。

工作中的幫助

　　每天在工作中，會接收到許多客戶、老闆、同事的任務交辦、資料交付，我讓自己臨危不亂，足以應付這些瑣事、意外的方法，就是把這些雜訊轉化成防彈筆記，變成自己專屬的一套清晰、不遺漏的工作流程。我也利用防彈筆記去節省自己完成這些事情的時間，因為透過筆記記住關鍵步驟與資訊，防止自己再次犯錯、避免花很多時間找資料、減少在混亂中迷航，其實就是最有效意的節省時間方法。

　　其中有個例子是，在十幾年以上的職場工作經驗中，我累積了數百則的「行政任務筆記」，這些筆記是我在工作上常常重複要做的任務，也可能是偶爾會出現的意外解決辦法，有些是曾經做過但不確定什麼時候會需要再做一次的事件。他們以不混亂的獨立任務單位筆記，存放在我的防彈筆記系統中，每個任務單位包含了當時做這個任務的最佳行動流程，也包含了完成這個任務所需的資料文件，更儲存了執行這個任務過程的某些關鍵經驗。

　　這些「行政任務筆記」每天都在我的工作流程中發揮作用。當我要處理一個行政手續時，我搜尋呼叫出這些筆記，於是可以正確無誤地採取行動完成任務。當有時臨時被交付一個任務，但我先問自己「這個任務」做過嗎？如果做過，我只要呼叫出之前的任務筆記，就可以更節省時間的把這個任務完成。

目標成果 ← 之後可以重複使用的任務單位

☐ 要計算DHL、Fedex、順豐快遞，dpex的費用 ← 執行流程的步驟清單
 · 一本256頁的書籍，大約340公克，140本大約
   47.6公斤
 · DHL費用：XXXXX元
 · Fedex費用：XXXXX元
 · 順豐快遞費用：XXXXX元
 · dpex費用：XXXXX元

☐ 詢問作者是否可以接受

☐ 確認是否可在國外書店領書
 · 國外書店聯繫方式 XXXXXXX ← 每個步驟相關的資訊

☐ 跟會計確認國外訂購是否可以匯外幣
 · 會計聯繫窗口XXXXXX
 · 文件：公司外匯資料文件檔案 ←

☐ 確認外幣價格，請作者匯款
  在數位筆記中，可以把這個步驟需要的文件直接插入到步驟後

☐ 最後確認作者寄送地址
 · 寄送地址：XXXXXX

☐ 聯繫快遞公司取件

　　於是我發現自己處理這些雜事的過程比別人更輕鬆、更快速、更正確，我也發現自己更不害怕那些臨時插入的意外、雜事，因為絕大多數他們都曾經發生過，我只要搜尋自己的防彈

筆記系統，裡面總會有一則筆記、一個記憶、一個關鍵經驗、一份清楚的行動步驟與資料，讓我無壓的、正確的、最快速的解決掉這件事情。

而這些多出來的時間，正是我可以同時推進自己的斜槓、目標的時間，這就是「防彈筆記法」可以為我們帶來的確實幫助。

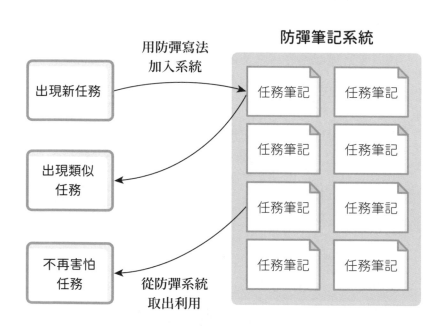

生活中的幫助

　　每一天會有很多生活中的事件、煩惱，可能是關於自己是不是花太多時間在上網而沒有好好利用休閒時間，或是忙碌的自己已經感覺到壓力、空虛而意識到需要有效的休息。還是跟生活中的家人有關，需要花時間陪伴孩子，過程中面對的各種相處、成長、生活習慣問題，以及需要去做的大大小小瑣事。這些看似只是待辦清單的雜亂事務，如果我們用「生活中要處理的雜事」來看待他們，那就永遠只是必須打勾的雜事而已。但如果我們透過防彈筆記，把他們當作「生活中可以持續成長的目標」來看待，那就能讓這些看似雜亂的事情反而變成機會，使自己生活更充實、時間更滿足，建構一個更有自信的自己。

　　這是我用「防彈筆記」取代那種雜事待辦清單的原因。

　　例如我會以目標、任務為單位來撰寫孩子的成長日記，這五年多的時間中我累積了超過 100 則這樣的成長日記，不過這樣的成長日記不是以日期為單位，而是以某個要解決的問題、某個要養成的習慣、某種新的興趣為單位。這類筆記的撰寫過程會像下面這樣：一開始我發現孩子開始喜歡畫畫，於是我先寫下第一則關於孩子第一幅畫作的日記，而當下一次孩子又有興趣畫出新的內容時，我開始回到第一則孩子畫畫的日記中補充內容，於是，慢慢的一則關於孩子畫畫這個興趣的筆記逐漸累

積（只有一則，不是用日期來切碎，而是以興趣為單位去累積）。

　　累積到一段時間，我開始覺得孩子好像對畫畫有興趣，似乎特別喜歡畫恐龍，於是我在這則畫畫興趣筆記中寫下一些微型目標，例如下次跟孩子一起畫出一張恐龍樂園圖、下次跟孩子一起練習幫恐龍著色。於是這則一開始的興趣日記，慢慢演化成一則有目標、有行動的興趣筆記。

孩子練習畫畫日記任務

3. 有空檔時取出筆記，推進生活任務

☐ 下次跟孩子一起畫出一張恐龍樂園圖

☑ 下次跟孩子一起練習幫恐龍著色

2. 逐漸出現有目標的行動清單

2022/4/14 孩子開始像畫家一樣喜歡塗顏色

1. 把日記累積在一則相關任務筆記

2022/3/31 孩子畫了甲龍的恐龍蛋

　　等到下一次生活中遇到空檔，大家不知道要做什麼時，我開始打開自己的防彈筆記系統，索引這些累積下來的生活興趣筆記，然後從筆記中看到之前寫下的目標與行動，於是我提議說：「孩子，讓我們來試試看一起畫出一個恐龍樂園如何？」如果孩子贊同這個提議，那麼在這一次的任務完成後，我就可以把這次畫出來的成果累積到筆記中，並勾選筆記內的那一條行動，連帶想想看那下一次可以做什麼行動繼續挑戰、提升這個興趣。

　　透過這樣累積、演化出來的生活問題解決筆記、興趣目標筆記、習慣養成筆記，在我的防彈筆記系統中也有數百則以上的數量（包含我自己的、我與孩子的、我與老婆的、我與家人的）。他們每一天都在我的生活中發揮作用，無論是讓我在一個空檔時間中找到一件值得做的事情，還是在處理一個問題時接續前一次的行動，或是在培養一個興趣習慣中不是陷入無限重複的循環，而是每一次都能在累積的基礎往上升級。

　　以及當出現可利用時間時，我不再只是迷茫的讓時間流逝，也不再只是處理東、處理西卻感覺瞎忙，而是利用「防彈筆記法」這樣的系統，幫自己鎖定目標，做有價值的行動，累積有價值的記憶，從而創造屬於自己值得珍藏，甚至會反覆拿出來使用的筆記故事。

最後的結果，就是「防彈筆記法」幫助我不再覺得生活中盡是雜事與打發時間，而是可以有目標、有策略、有更好的選擇。

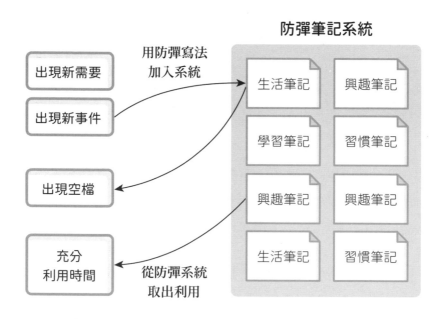

學習與寫作中的幫助

維持超過 15 年在「電腦玩物」這個部落格發表文章的習慣，

累積了 6000 多篇關於數位工具教學、生產力方法分享、時間管理問題解決的文章，確實不是一件簡單的事情。平均下來幾乎每天要產出一篇文章，近幾年因為有更多家庭目標需要兼顧而調整為每 2～3 天一篇文章，但這個寫作習慣從來沒有斷掉過，透過這樣的累積，也幫助許多朋友建立了一個充滿很多解決問題技巧的資料庫，現在常常都會接到讀者來信說某一篇之前寫的文章在某個時刻幫助他們解決了一個關鍵的困境。

有時候會有人問我說，我是如何堅持這個寫作目標的？我是如何養成這樣的寫作習慣？但是當我仔細反思自己實際上到底做了什麼？我發現真實的情況，並非是我設定了什麼遠大的目標然後要求自己堅持下去，也並非是我刻意要去養成一個什麼寫作習慣然後不准自己放棄。這背後真正的習慣，就讓我先簡單的為大家揭露。

這個過程有點類似前面舉例的行政任務筆記、生活日記，一開始，我只是把自己有興趣研究的工具收集下來，或是把工作中要解決的某種效率問題、方法問題記錄下來，也可能是閱讀書籍、文章過程中發現有啟發的段落擷取出來，還是一個腦袋蹦出來的某種生產力體悟寫下來而已。

但是接下來我不是用收集資料的概念不斷累積新筆記，而是在每一次有新的資訊、想法、經驗時，不斷回頭問自己，有沒有跟哪一則已經寫下來的筆記有關，然後就開始不斷的更

新、累積那一則筆記。很多時候，當進行了兩三次這樣的修正後，我就會發現某個工具的有效應用方法，或是實踐出某個問題的解決辦法，或是結合了幾個想法而建構成一個方法或技巧流程，這時候，他們就是自然而然的組合出我的「寫作任務單位」，一則包含了我的想法、外在資料、大綱結構的任務筆記。

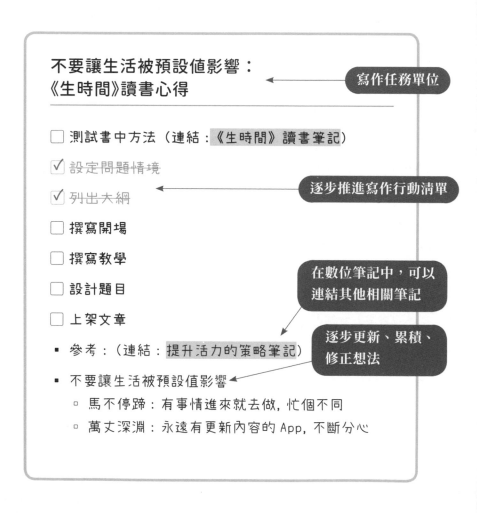

- 小心時間的隕石坑
  - 一個小小的行動，可能連帶許多時間的浪費
- 小心偽勝利
  - 有些事情讓你感覺做了事情，但卻犧牲了處理那些真正精華事情的時間

　　我常態性的同時會有數百則還需要更多更新、累積、結合才能開始撰寫的筆記，但他們都是之後有機會組合出新文章內容的素材。然後我同時也會有起碼十幾則已經包含想法、資料、大綱的「寫作任務單位」。這時候，對我來說不是如何安排一個寫作時間、要寫什麼、如何擠出靈感、如何收集資料的問題，而是在有空檔時選擇一個「寫作任務單位」，然後把它寫出來即可。

　　所以我如何能堅持十幾年這樣的寫作目標呢？並非我刻意堅持目標，而是在上述防彈筆記法所建構的累積過程中，總是「有一些題目我感到想要跟大家分享」，因為有這些好想分享、感覺有人需要、真的解決我的問題的筆記，所以就算偷懶了一兩天，等到自己有一點點動力時，就會又重新想要把某個題目真的寫出來。這個意思是，刻意堅持一個自己都不感興趣的目標，是時間管理最痛苦的事情。但是利用「防彈筆記法」幫助

自己的目標中總是有一些讓自己有動力的事情，那目標不就是更容易推進了嗎？

另外一個關鍵是，並非是要刻意安排一個寫作時間才能開始寫作，並非是要花很多時間整理資料、收集資料才能寫作，我能養成這樣的寫作習慣的關鍵在於，隨時透過「防彈筆記法」來建構自己的思考、推動問題解決的下一步、累積一小段用得到的資料，慢慢的產出那些「寫作任務單位」，於是反而不需要刻意花時間去收集與整理資料，也不用刻意安排寫作時間，而可以在任何出現空檔的時間中，就開始完成寫作任務。

與其要說我是如何自律的安排時間去推進寫作、課程、工作、家庭目標，與其說我是花多少時間安排整理自己的大大小小事情，不如說：

我只是利用這套「防彈筆記法」持續累積，在累積中建構我的目標，在系統中逐步修正出更好的選擇，並在寫筆記的過程中保護好自己的時間利用、生產力效率。

「防彈筆記法」就是我的工作流程，並且幫助我隨時都能在工作、生活、寫作或其他人生目標中自在切換，保持推進，累積成績，最終讓一個一個目標在這個系統中完成。

而這就是本書要帶著讀者前往的目的地，透過建立「防彈筆記法」這套系統，你我能達成的成果。

防彈筆記系統

流程		系統

看到相關資料

出現新想法

用防彈寫法加入系統

出現空檔

從防彈系統取出利用

又有新資料

加入相關筆記

寫作任務筆記

思考筆記

學習筆記

問題筆記

思考筆記

學習筆記

問題筆記

思考筆記

1-2

防彈筆記，
解決哪些關鍵問題？

目標成果	意識到自己工作、生活、學習流程的關鍵問題
要解決 什麼問題	這些問題造成什麼生產力瓶頸？ 突破瓶頸的關鍵做法是什麼？
下一步 行動	☐ 閱讀後列出自己有痛點的問題 ☐ 先選一個自己最迫切的痛點，連結到相應章節學習
下一步 連結	・從碎片到核心筆記:〈2-1 建立核心任務筆記〉 ・跳脫瑣事清單思維:〈3-2 三個問題、三種行動轉化筆記〉 ・簡單精準的整理原則:〈3-3 簡單、精準的防彈筆記結構〉 ・把整理變成決定行動:〈4-5 設計筆記的使用行動情境〉 ・把生活日記變成目標筆記:〈5-2 防彈筆記如何打造家庭目標〉 ・解決問題的筆記:〈3-6 從問題演化出有價值的經驗筆記〉 ・累積型目標:〈5-1 防彈筆記如何設計累積型的年度目標〉 ・保護思考:〈5-4 用防彈筆記建立高產出的學習寫作流程〉

　　「防彈筆記法」，是一套流程的調整，目的是用防彈筆記去解決那些工作、生活、學習流程中的關鍵問題。而非只是要給你更多筆記範例，結果最後產生更多用不到的筆記。

　　就像在〈1-1 防彈筆記，如何改變生產力〉中提到的：「我們感覺到自己的生產力卡在某一個瓶頸，而那些混亂的工作流程、層出不窮的事務，加上誤以為自己沒有想法的腦袋，讓自己似乎永遠只能得過且過，總是處在焦慮挫折中讓事情不夠滿意的完成。」

　　到底這些生產力瓶頸是什麼，而防彈筆記如何解決這些卡關之處呢？

✎ 工作流程中的生產力瓶頸

　　在我們的職場工作流程中，多多少少會寫筆記，例如開會時大家都會拿一個筆記本寫寫會議重點，但這時候筆記只是我們工作流程中的一小部分，甚至這個一小部分反而造成了工作流程更加混亂。寫在筆記本中某一頁的會議重點速記，回到辦公室後因為忙其他的事情而沒有進一步整理，等到之後需要處理那個任務時，忘掉了曾經在筆記本某一頁有記下重點，於是沒有翻開來看，當然也就漏掉了那個重點，結果主管、客戶質問為什麼上次開會說的細節沒有做到？我們便開始覺得寫這些會議筆記好像沒有用，但還是會拿著一本筆記本隨時記些什麼，

事實上只是為了打發時間。

但「防彈筆記」不是這樣的筆記，他不是工作流程中某一個為了記錄而產生的一小部分內容，而是工作流程本身。我們要透過「防彈筆記法」的筆記特性，去記住、思考、統整、管理、拆解、創造工作成果，在書寫中理清雜亂的思緒與資訊，在書寫中創造我的認同與價值，並且在書寫中保護工作流程的每一個漏洞，讓生產力不會在這些瓶頸中流失。

然而為什麼書寫筆記可以幫助我們保護工作流程呢？就讓我們來看看通常工作流程中有哪些漏洞。

碎片太多

當我們的時間管理出問題時，常常會歸咎於是自己的不專注問題、不會區分輕重緩急問題，或是把問題丟給外在的臨時意外太多、雜事資料太亂。無論是歸因於自己，還是歸因於他人，其實都不是最有效解決問題的辦法，反而這兩種歸因的結果，往往會變成反正我就是不專注所以才做事慢，反正就是雜事意外太多所以才拖延，心裡真正的意思是「反正就是沒辦法的事」。

如果說問題可能不在我這裡，也不在別人那裡，那有可能在哪裡呢？其實更有可能是工作流程本身的問題，是我的執行步驟、處理方式需要調整，而一旦調整，有可能很多問題就能有所進展。

其中工作流程最大的一個問題就是「碎片太多」，我不是説事情太雜太亂（雖然事實也是如此），而是説我們處理事情的流程太雜太亂。

例如我現在要進行一個行銷活動任務，客戶先用電子郵件跟我交辦了某些期望的活動內容。但是過了一兩天後事情有些變化，客戶用了第二封郵件來跟我更新細節。接著我們開了一場會議，會議中一些重點討論我記在會議筆記（這種筆記不是防彈筆記，而只是混亂工作流程中的一小部分）。又過了兩天，客戶有一個緊急的臨時變動，這次客戶用即時通趕快交付給我。過了一個禮拜，我陸陸續續研究這場活動的相關資料，收集了一些網頁上的案例，儲存在瀏覽器書籤或一些分散文件中。我還認真的把自己想到的舉辦活動注意流程，寫進另外一個我準備的待辦清單工具中。到了後面階段，客戶開始跟我在一份 Google 文件上協作這次活動的節目流程，但有些更新在文件中，有些可能是在即時通、郵件中交辦。我還在自己的大腦中常常構思著這個行銷活動怎麼做更好的突破點。

上述這樣的工作流程，有沒有類似你常常出現的工作流程呢？如果是，那我們可能都犯了碎片太多的問題。

試著思考一下，如果是上面這樣的工作流程，有一天當我要確認這個行銷活動任務的細節、處理下一步進度，或是要跟客戶討論目前內容時，要回到電子郵件、即時通、會議筆記、文

件資料、待辦清單、協作文件，還有自己的大腦中東找西找、東拼西湊，請問這樣要怎麼節省時間？

接著，我們通常同時要處理很多個任務，加上那些臨時的意外事件，於是在上述不同的工作管道中有更多的碎片分散在完全不知道哪裡的地方。請問這樣一來，我們有辦法知道自己下一步行動應該要做什麼嗎？有辦法判斷所有事情的輕重緩急嗎？

最後，當我們為了處理某個工作，需要再次打開電子郵件、即時通、網頁看看時，就是工作流程中最容易分心的時刻，因為那些新郵件、新訊息、新消息，永遠都在這些工作管道中等著我，只要我一進入這些管道就馬上要吸引我的注意力，導致最後看起來我每天都在不同工作管道中被各種雜事耗去了時間，而堅持完成一件要事的時間往往不到幾分鐘就要分心。其實，這不是我們很愛分心（應該說我們只是比較不容易專注），而是我們的工作流程，逼迫我們總是要打開很多工作管道，這樣怎麼不分心呢？

可是，這樣的工作流程不就是現實如此，我應該沒辦法改變吧？不，我們有辦法改變！

這就是「防彈筆記」的書寫可以產生的改變力量，把這些碎片寫成一則以任務為單位的

「核心筆記」。在這則核心任務筆記中理清一個任務的行動順序、資料需求，最後我們可以依靠「核心筆記」來快速找到原本零散的資料、確認最重要的下一步、保持不分心處理完任務的流程。

如果我們原本只是在寫一些會議筆記，或者只是用筆記收集零散資料，最後我們依然還是一個混亂的工作流程與系統。但「防彈筆記法」不是要寫這些零散的筆記，而是要用筆記書寫來重建我們的工作流程，用「核心筆記」的方法讓碎片用一種有效的方式進入我們的任務筆記，從而在筆記中理清外在環境中不存在的清楚工作流程。

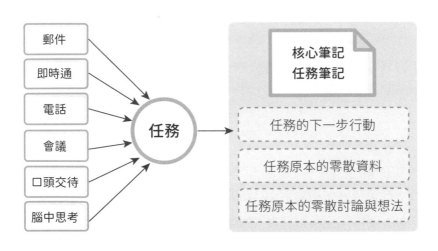

瑣事清單

我們是想處理事情，完成就好？還是想有效能的完成，並且創造價值？前者是「瑣事清單」的思維，後者是「防彈筆記」的思維。

「瑣事清單」這個生產力瓶頸最為隱而不顯，因為他看起來好像有做事，似乎自己該做的事情還是處理完成了，但也就僅此而已。時間久了，往往會覺得自己忙碌卻缺乏成就感，並且開始意識到自己似乎缺乏累積，每天就只能追著事情跑，真的只能把所有精力花費在完成「瑣事清單」上，那些什麼目標、價值只能放下不談。

這樣的「瑣事清單」在太平時代似乎就能應付，但其實非常脆弱，一旦遇到忽然多了很多臨時工作、被交付重要新專案，甚至要和團隊進行合作時，「瑣事清單」就會開始崩塌，於是那些瑣事完成了，但客戶最在意的重要專案卻失敗了，事情爆炸的情況底下只好不斷加班趕工，而自己的精力早已在這樣的工作流程中消耗殆盡。

如何檢查我們的清單是不是「瑣事清單」呢？檢查方式為，我是不是不斷的把郵件、即時通、會議中、腦袋裡新出現的交辦就直接寫進待辦清單上，如果是，那麼這份清單幾乎就會是「瑣事清單」。雖然這個流程看似直覺，但問題很大，最大的

問題是沒有先鎖定核心任務，於是往往一個任務的不同交辦，在這樣的過程分散在不同（日期、分類）的待辦清單上，這就犯了前面碎片太多的問題，我們將會無法為核心任務理清工作流程，意思就是我們處理的完瑣事，卻做不好一個任務！

還不只是分散造成的問題，在「瑣事清單」中我們往往無法好好構思一個任務的目的，於是我們也就習慣不去深思任務的價值。在「瑣事清單」中我們往往無法累積過去的經驗，於是我們也習慣每次都重頭開始做。

> 這也是用「防彈筆記」取代「瑣事清單」可以帶來的改變力量，讓任務不只是一些交辦的條列，而是有一套書寫的流程可以深化對於任務目的、架構、方法、經驗與可能性的思考，於是我們就能從處理完任務，變成做好一個任務。

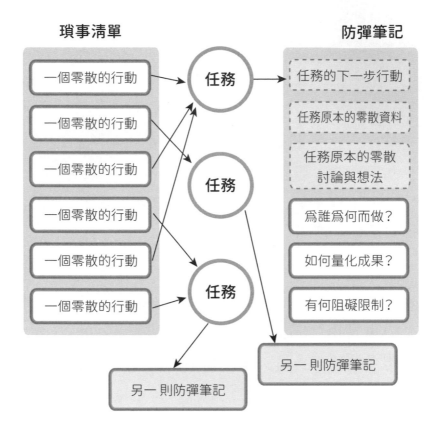

無盡整理

　　整理很重要，但整理很多時候跟真正完成任務無關，甚至可能變成我們逃避關鍵工作步驟的藉口。前面碎片太多的問題，也很有可能不小心落入整理資料的迷思當中，結果卻是花了很多時間整理，反而沒有時間去執行真正的目標了。

整理得好，可以突破工作流程的生產力瓶頸。但是花太多時間整理，本身就是一個生產力瓶頸。前者是我想要分享的「防彈筆記」整理法，後者則是我們容易陷入的無盡資料整理迷宮。這中間的關鍵不同，就在於我們是否「為了資料而整理資料」，如果是，那麼或許我們已經陷入在資料整理迷宮中。

什麼是「為了資料而整理資料」呢？讓我們做個簡單的測試，你現在有一則會議紀錄，你會打算如何整理他呢？要不要開始編排會議的日期？要不要把所有會議紀錄都分類在一起？要不要給會議紀錄一些好看的格式？如果上面這些是你整理會議紀錄的想法，那麼很有可能就是「為了資料而整理資料」，甚至你會發現資料愈整理愈分散。因為會議紀錄本身是什麼日期、在哪些會議室、格式模板等等通常都不重要，重要的是會議後獲得的交辦與資訊要解決哪一個任務，所以去整理那些跟完成任務無關的部分，就容易陷入無盡整理資料的循環中。

如果是「防彈筆記」的思維，就會變成把會議紀錄整理回核心任務筆記中，思考這次會議產生的新交辦要在哪一個任務的哪一個流程去推進，於是那則核心任務筆記變得更加穩固，也不需要真的去整理會議紀錄本身，甚至，一開始就不需要產出會議紀錄，而是在會議中不斷修改核心任務筆記即可。

在「防彈筆記法」的工作流程中，我們要保護的不是那些資料，而是要保護自己的生產力，所以某個程度上防彈筆記要反

其道而行，不希望我們花太多時間去整理資料，更不希望我們過度的研究資料的分類整理技巧，因為打造出一個看起來很漂亮的資料庫不是我們的目的。

> 甚至更進一步的，在「防彈筆記法」中要提出一套不一樣的整理邏輯，他跟表格、分類、收納無關，而是跟決定我們如何行動有關。

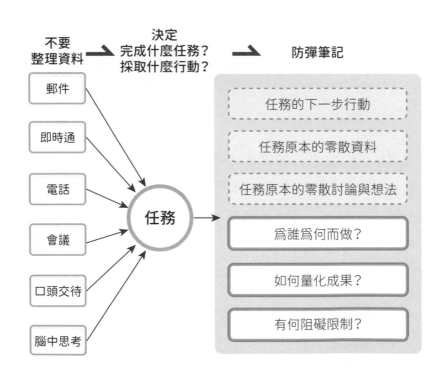

✎ 生活流程中的生產力瓶頸

破除工作流程中的瓶頸:碎片太多、瑣事清單、無盡整理,其實也可以呼應到其他非工作需要的生產力上,像是生活中的目標、學習成長,乃至於寫作、創意等相關的任務中。不過當我們鎖定的是生活中的目標時,例如生活習慣、人際關係、家庭相處、興趣學習、技能成長等等,也會有一些不同的瓶頸需要突破。

我們在生活中的筆記,或許大家第一時間想到的是日記,但要如何空出時間並養成持續寫日記的習慣?又要如何讓自己的日記不要成為流水帳?又或者讓自己寫下來的日記,最終真正能推動生活中的改變呢?

> 其中的關鍵點在於,不只是寫日記,而是要寫覆盤式的日記、目標化的日記。我們不只是要透過筆記記錄生活,而是要透過「防彈筆記」來發現生活。

因為生活流程和工作流程有一個關鍵的不同，那就是生活中沒有人給我們目標，沒有人為我們定義要創造的價值，我們必須自己去發現目標、設計價值。如果沒有這樣做，就很容易在生活乃至於人生的流程中遇到下面的生產力瓶頸。

過度樂觀

其實在一套真正可以提升生產力的系統中，如何寫「自己的生活筆記」是很關鍵的一部份。因為工作中的筆記、學習用途的筆記，我們無論有沒有找到有效的做法，通常我們還是會去寫，而只要寫了，也就多多少少有些效用。

然後生活筆記卻並非如此，我們往往很不會寫生活筆記。要不就是不知道如何寫起，最後很多生活中的事情一閃而過後沒有留下任何記憶。要不就是寫成流水帳的日記，最後這些筆記內容無法拿出來好好使用。但這正是生活中生產力的瓶頸所在。

我們「過度樂觀」的把生活中的事情定義為只是某些情緒起伏、不需最佳化的心態，或是某種只是缺乏動力刺激的習慣，於是我們可能想說下次我改變心態或沒有情緒就能做得更好，或是下次讓自己更有動力就能解決問題。這種「過度樂觀」的瓶頸，可能體現為我們的日記中（如果有寫日記的話）充滿著

下次更努力、下次更專注、下次就會更好這樣的鼓勵話語，卻缺乏真正分析問題與找出解決步驟的內容。

而在上述「過度樂觀」的想像中，我們很有可能會不斷的在做生活計畫，卻反覆陷入下面這些無法實現的困境：

- 不斷的排生活時間表、排生活習慣，但最後真正實踐的只有「安排」這個動作。
- 在某些生活問題中「固執己見」，久而久之反而造成自己的耗損，或是與他人之間的衝突。
- 反而更容易「被情緒所左右」，但又期待下次心情好時就能推進生活計畫。
- 覺得生活沒有那麼難，這次生活計畫無法實現只是運氣不好或他人因素，下次就會好了。

「過度樂觀」會造成的生產力瓶頸是慢慢累積的，但當我們驚覺出問題時，往往已經是許多的時間浪費與消耗，而生活則陷入在不斷重複出錯的循環中。

「防彈筆記法」沒有要大家比工作更認真的去寫生活筆記（雖然這樣也不錯），畢竟大家還是期待生活是更放鬆、放空與安心的平衡。

> 但「防彈筆記法」希望大家可以開始寫覆盤
> 式的生活筆記，透過筆記去定錨生活中出現
> 的問題，並透過實際經驗的修正，演化出一
> 則一則真正可以實踐生活習慣、推進生活計
> 畫、解決生活問題的筆記。

缺乏累積

生活中總還是有大大小小的事情，也會有零零碎碎的空檔時間，但這些大小事往往很容易得過且過，這些時間輕易的被打發掉，最後生活中反而沒有留下太多真正值得記憶的故事。

這時候讀者可能會想，所以這裡應該是要說到要為生活設定目標吧？雖然沒錯，這一段確實是要強調應該為生活設定目標，但我們要先談談可能造成生產力瓶頸的目標設定方式，那就是「每年設計新的年度目標」，這種年度目標的實現機會很低，雖然設定的時候很有趣且充滿動力，但真正實踐的時候才發現很容易就放棄。似乎我們只是一直重複著創造目標，然後放棄目標的循環。那麼，如何突破這樣的生產力瓶頸呢？

　　這時候，比起怎麼去設計一個更容易實現的生活目標，或是設計各種天花亂墜的生活習慣，不如先做一件事情：用「防彈筆記」累積生活中的經驗與發現。

　　我們的年度目標窒礙難行的很大原因，是因為我們可能是憑空想像一個目標，這個目標或許來自於其他書籍的推薦，或許來自於社群中看到他人的實現，但偏偏不是來自於自己累積到一定程度後的發現。於是，就算設計了再厲害的年度計畫，很有可能這根本不是我真正的目標，更有可能我是在沒有基礎的情況下強制自己去做一個空虛的目標，當然難以實踐。

> 「防彈筆記」要把設定年度目標的方式反過來做，不需要每年都很有儀式感的設定新目標（雖然這個儀式感有些效果），而是透過平常的累積，打造目標的基礎，而所謂的目標是在這個累積基礎上的新突破而已。

　　缺乏累積，無論在工作、生活、學習、寫作的流程中都是很大的生產力瓶頸，也導致我們總要花很多時間設計計畫，卻還

不一定能有效實踐。

「防彈筆記」反其道而行，不需要硬要定義一個目標，而是累積出可能成為目標的經驗，連結可以統合聚焦的方向，在這個方向中持續挑戰下一個階段，從而累積出一個不輸給設計年度目標方式的實踐目標方法。

✎ 寫作、學習流程的生產力瓶頸

前面想要利用「防彈筆記」來解決工作任務、生活目標的問題，這有可能對於很多習慣寫筆記的朋友來說不一定是原本的目的（但卻是值得你拿筆記來這樣用的新目標），很多喜愛寫筆記、需要寫筆記的朋友，一開始需要的可能是整理學習的資料、整理寫作的素材。

而「防彈筆記法」在這樣的寫作、學習流程中，會幫助大家突破什麼樣的生產力瓶頸呢？

流失思考，依賴靈感

在寫作、學習的過程中我們可能寫了很多筆記，但我們應該注意一下這些筆記是「抄重點」的筆記，還是「記下我的思考」的筆記。很多時候我們寫下來的這些筆記都只是抄別人重點的

筆記，但裡面完全看不到「我」這個學習主體、寫作主體。

如果我們很努力的抄錄重點，但這些重點只是別人的想法，就算很厲害，但等到時間一久，失去了當時看到的前後語境，因為老實說這不是我自己的東西，所以往往下次看到這些重點時，就發現怎麼好像失去了當時的啟發與感動，也很容易不知道寫下這些重點到底要怎麼使用。時間一久，更有可能自己有一大堆抄重點的筆記，但最後真的只是幫別人整理重點，但是當自己要產出文章、報告、學習成果時，卻感覺難以利用，不知道如何放入文章中，或是如何應用到自己的學習實境中。

結果有可能自己有一大堆重點筆記，但真正寫作產出、應用來解決問題時，還是要依賴當下新出現的靈感、想法，但靈感又是最不可靠的。

「防彈筆記法」要幫助你突破這樣的瓶頸，教你如何第一時間寫下擁有以後可以運用的思考的筆記，當你累積愈多有「我自己」這個寫作者、學習者主體的重點筆記，才會是未來可以拿出來組合運用的筆記。

不要害怕自己會不會不善於思考，這跟不善於思考無關，而是跟有沒有寫下自己的思考有關。因為當我會想要抄一個重點時，難道我沒有任何為什麼要抄這個重點的想法嗎？一定有，只是我們要用一些小技巧把這個想法挖掘出來，而防彈筆記就是要教你這個方法。

當我們保護好這些思考，就不再需要等待當下的靈感，而是習慣把這些思考拿出來使用即可。

以上，就是我們在工作流程、生活流程、學習流程中遭遇到的關鍵問題瓶頸，以及「防彈筆記法」要如何幫助我們破除這些瓶頸，從而讓「防彈筆記法」不只是一個寫筆記的方法，而是一個新的改變、保護生產力的流程。

接下來，就讓我們準備掌握「防彈筆記法」的關鍵原則，掌控這些方法論上的大原則，我們才能更有效地展開防彈筆記的工作流程、整理邏輯、應用技巧。

Part 2

防彈筆記的
原則

2-1

建立核心任務筆記

目標成果	確立撰寫筆記解決生產力問題的第一原則
要解決 什麼問題	如何讓工作碎片、干擾、混亂不再影響生產力？ 如何用最少的整理，達到最有效完成？ 如何實踐一個不需分類也能找到資料的筆記系統？
下一步 行動	☐ 列出你被工作碎片化影響的生產力問題 ☐ 選擇近期某個任務，建立核心任務筆記
下一步 連結	・從碎片到核心筆記：〈1-2 防彈筆記，解決哪些關鍵問題？〉 ・寫筆記解決時間管理問題：〈5-5 用防彈筆記克服拖延〉 ・解決問題的思考筆記：〈3-6 從問題演化出有價值的經驗筆記〉 ・不是記住而是學會的筆記：〈5-4 用防彈筆記建立高產出的學習寫作流程〉 ・如何有效收集整理碎片：〈3-1 防彈第一步：集中處理〉 ・根據任務執行邏輯整理：〈3-3 簡單、精準的防彈筆記結構〉

我在多年前的著作《大腦減壓的子彈筆記術》中提出一個關鍵的筆記原則：「一個任務，一則筆記」，那時我特別提到真正的子彈筆記不會是那些零散的待辦清單（參照〈1-2 防彈筆記，解決哪些關鍵問題？〉中的「瑣事清單」一節），而是一則統整的任務筆記。

「一個任務，一則筆記」這個口訣，可以幫助我們破除很多寫筆記、整理資料、管理工作時的迷思，從而打下三個穩固系統的基礎：

- 一個任務的行動、資料、碎片，都應該在一則任務筆記中，而非分散成很多筆記。
- 資料不是根據資料邏輯整理，而是根據一個任務的執行邏輯整理。
- 完成任務成果，才有意義。而整理筆記或資料本身，則通常沒有意義。

經過了更多年後的實踐，以及把這樣一套方法在無數課程中分享給需要的朋友，並接收到他們演練的回饋後，我更加確定：「一個任務，一則筆記」，就是最簡單、精準，對大多數想要提升生產力的朋友來說，最有效的第一條筆記原則。

如果你之前寫筆記、整理資料的方式，是一個任務就寫成好

幾則的筆記，你的資料系統就只是在整理資料，並且你發現這樣的工作方式對你來說沒有真正大幅度的提升效能，那麼，在「防彈筆記法」的最開頭原則，我要再次跟大家推薦「一個任務，一則筆記」這個中心原則，並把這樣的原則進化成防彈系統中的「核心任務筆記」。

✎ 時間管理問題，大多是工作流程問題

通常我們討論到時間管理問題、效能產出問題時，往往會很直接的歸因到自己身上：我就是懶惰愛拖延、我就是容易分心、我就是無法分清楚輕重緩急。或者也有可能歸因到他人或外在環境身上：就是太多臨時的事情了、很多任務都一直變動、同時要處理的事情太多了。

這些雖然都沒錯，但與其說他們是「問題」，不如把他們定義為「現象」。

「現象」的意思是，人通常都是懶惰，所以才會去研究更有效率的方法。人就是愛拖延，但也利用這樣的時候思考醞釀，找出更好的做法。人本來就會分心，但也同時有了好奇心。事情本來就會一直變動，因為環境也在變，事情如果不變怎麼變得更好。因為我有更多想要實現的價值，所以我也會有更多要處理的事情。

那麼時間管理真正的問題點在哪裡呢？通常仔細分析下來，往往工作流程的問題才是最大阻礙。

如果說，本來在執行一個專案、任務的過程中就不可能一次就把事情設定清楚、交辦清楚，於是一邊執行任務，一邊就會在電子郵件、即時通收到這些任務的變動事項，也會在無數的會議、電話討論中接收到任務的臨時交辦，還會在各種不同文件中接收到任務不同的資料與設定。

> 把這樣的現實定義爲一種「現象」，那麼眞正的問題可能不在於這種現實現象，而在於我如何處理應對的「工作流程」中。

我們很有可能原本處理事情的流程像是下圖中間的箭頭那樣：

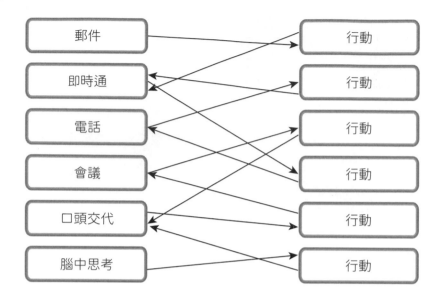

也就是說，我們把左方的「郵件、即時通、電話、會議等等分散的工作管道」當作我們的工作系統、工作流程，跟著郵件、即時通等等工作管道的通知來產出我們的行動，甚至跟著這些通知來指引我們的下一步行動，但是在執行這些行動時又必須常常回到左方那些分散的工作管道中找資料、確認資料。

你覺得這樣的工作流程，把左方那些分散工作管道當作自己的系統中樞，會發生什麼問題呢？我想不用太深入的思考，你都會知道這樣工作一定很混亂，速度一定變得很慢。

可是，為什麼我們很容易習慣把郵件、即時通、會議等等當作工作中樞呢？其實我們第一時間心中還是想要「求快」的，

想要趕快一點完成工作，於是有郵件就處理回信，有訊息就解決回訊，出現什麼雜事都記在待辦清單記住再說，我們以為就是趕快把這些凌亂的事情記下來，然後趕快處理完成就好。

然而這樣累積下來的結果，求快不成，反而遺留下許多「隱性問題」，讓真的要行動時紛紛卡關：

- **資訊破碎、分散，真的要行動時，需要的資料還是分散在許多地方。**
- **東做西做，步驟混亂，到底做了什麼也容易遺忘，難以覆盤。**
- **工作管理的管道太多，通知太亂，缺乏鳥瞰視野來決策整個工作流程。**

這些隱性問題不用太久，很快就會轉成為時間管理中那些「顯性問題」，可以說很多時間管理常見問題，都是因為我們一開始在處理郵件、即時通、待辦清單這些第一線執行工作的過程中，想要求快、省事而導致的問題：

- **「效率低，進度慢」**：要花很多時間在不同工作管道確認細節、找資料，工作怎麼樣都快不起來。
- **「專注力不夠」**：資訊細節破碎，每次執行任務都要去不同工作系統撈資料，當然無法快速進入心流。

📎 **「很容易分心」**：每次打開郵件、即時通要找資料，都被新通知吸引去做其他事，當然會分心。

📎 **「遺漏重點、忘記步驟」**：執行過的步驟、需要做的行動很分散，之後要確認當然會遺漏。

📎 **「重複犯錯」**：處理完成一件事情後，在分散工作系統根本無法回顧所有細節，下一次當然就無法更新改進。

📎 **「分不出輕重緩急」**：有誰可以在分散的工作管道與系統中，馬上看出輕重緩急呢？

📎 **「很容易拖延」**：我相信誰看到這樣混亂的工作流程，都想要拖延一下晚點再說。

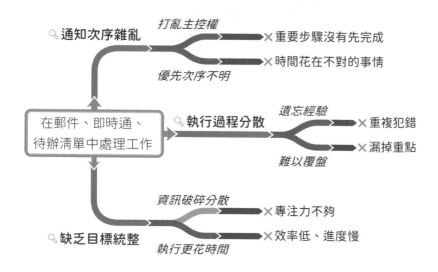

你一定還可以列出更多這樣的工作流程會造成的「顯性問題」，不過我們知道的是需要改變這樣的處理事情步驟，而這就是「核心任務筆記」要為你解決的。

而且，你不覺得這樣簡單多了嗎？與其糾結著自己時間管理的問題是鍛鍊專注力、克服拖延、改變（我無法改變）的環境，如果說最有效的解決辦法其實是改變寫筆記的方法，建立「核心任務筆記」就能搞定這種雜亂的工作流程呢？

接著就讓我們一步一步看看可以怎麼做。

✎ 怕忘記的碎片筆記，無效！

但也不是開始寫筆記就好，而是要改變我們寫筆記的方式。因為很有可能我們努力寫的筆記，其實還是一種分散、破碎的筆記。

什麼是破碎分散的筆記？你可能曾經發生過下面這樣的經驗。

執行任務難免有很多臨時意外與零散資訊，工作時候本來就有很多會議與討論，我們為了不要忘記，準備一本筆記本，開始把這些事情記下來。不過，筆記是寫了，但為什麼這些筆記往往還是無法有效的拿出來利用呢？甚至筆記愈記愈多，但看

到凌亂的筆記更頭大，雖然寫下來，最後還是只能依靠大腦記得牢不牢靠，當大腦遺忘，筆記要用的時候還是會漏掉去查看。

結果，工作最後還是只能兵來將擋，水來土淹，死到臨頭趕快解決，依靠大腦的記憶判斷決策，沒辦法發揮筆記的妙用。

雖然花了很多時間寫筆記，甚至使用了很厲害的筆記工具，也花了更多時間研究筆記工具的功能，或是如何設計筆記的版面技巧，結果真正要解決問題、推進任務時，卻不會拿筆記出來看？或是想要拿出來看卻找不到？這真是得不償失。

這裡面看似合理的工作流程：「為了怕忘記，所以透過筆記把發生的事情記下來。」是做錯了什麼步驟呢？其實，一開始就做錯了！因為「怕忘記」所寫的筆記，往往就只是斷簡殘篇的記錄筆記，東記西記，最後都變成「碎片筆記」，反而還要花更多時間整理，要用的時候明明就在裡面但就是找都找不到。

這種「怕忘記」寫出來的碎片筆記，往往會像是下面這樣：在書中畫重點，在書眉寫註解，在分散的筆記寫想法。我們收集到的資料可能只是照著收集到的時間、收集的來源分類。在會議、討論、電話中收到的交辦也是記錄在翻開筆記本的下一頁空白頁中。於是，這樣怕忘記的碎片筆記，會出現兩大問題：

✎ **筆記散落在很多不同的地方，我們很難記得這些位**

置，更難記得資訊發生的日期，等到之後真正要執行任務、撰寫文章時，我們要花加倍時間回到這些不同的筆記地點，把不同的訊息找回來，甚至可能找不回來。

· 例如隨手寫下會議重點，幾天內要解決還有幫助，一兩個禮拜後要處理的時候，大概就開始漏東漏西。

其中部分（甚至很多）資訊沒有經過處理，只是抄下別人說的話、寫下片段資料，這樣之後就算找回來，也會忘記要如何使用，忘記當時完整想法。於是我們又要花加倍時間重新閱讀、理解、分析一次。

· 例如隨手記下上課重點，幾天內看還能參考，幾個禮拜後就幾乎不知道怎麼使用。

只是把現實的雜亂、腦中的紛亂直接寫成筆記，或許不會完全沒用，但效用期會變得很低，只能在我大腦還有深刻印象時拿出來參考。

你有沒有發現這樣的現象：「我的筆記，往往只在處理近期問題、短期工作時才有效。」於是你習慣用一些備忘錄型的筆記工具，你習慣筆記就是速記就好，因為你的經驗告訴你筆記存久了反正也很難找回來用。但這其實是我們錯誤的工作流程，導致筆記不能發揮他們最強大的效用。

是那些碎片筆記的寫法，是害怕忘記的思維，導致我們的筆記只有在解決近期問題、短期工作時才有效，導致我們的筆記依然還是碎片化工作流程的一部份，而不是解決辦法。

那麼，要改變的關鍵是什麼呢？可以試試看把「怕忘記」的寫筆記思維，改成「完成任務」的寫筆記思維。

尤其如果你使用數位筆記工具，我也推薦大家使用數位筆記工具，在這些工具中都有很強大的搜尋、連結等功能可以幫我們找回筆記，我們本來就不用害怕大腦忘記，甚至可以安心的讓大腦去忘記這些瑣事，並把大腦的能量留給真正值得的行動，也就是「思考」。

多年來的職場工作經驗告訴我，如果有一個人在合作任務的過程中，常常跟我說他要確認一下郵件、找一下之前即時通，那麼往往這個任務執行時，他一定總會漏掉幾個我們明明討論過要做的細節。

而如果他確實愛寫筆記來避免自己忘記，但是他的筆記都是

一些怕忘記的碎片筆記，開會時他會一直翻看之前的會議記錄來確認目前任務要做些什麼，然後會議討論的待辦事項他雖然記下來，但卻是記在一個新的筆記頁、新的待辦清單中。那麼往往最後我依然需要一直提醒他重點在哪裡，要不然他通常都會忘記或搞錯。

這就是我們接下來需要改變的碎片筆記方法，開始用「完成任務」的「核心筆記」來寫筆記。

✎ 完成任務的核心筆記，翻轉破碎工作流程

在〈1-2 防彈筆記，解決哪些關鍵問題？〉中，我們談到碎片太多的生產力瓶頸時這樣提到：「這就是防彈筆記的書寫可以產生的改變力量，上述任務碎片雖然天生就是會在不同工作管道分散零碎的出現，但我們卻可以利用書寫理清自己的工作流程，把這些碎片寫成一則以任務為單位的核心筆記。在這則核心任務筆記中理清一個任務的行動順序、資料需求，最後我們可以依靠核心筆記來快速找到原本零散的資料、確認最重要的下一步、保持不分心處理完任務的流程。」

筆記真正的用途不是怕忘記，就像你唸書準備考試時寫的

筆記不只是為了要記住，而是為了要通過考試吧！於是有些同學可能用怕忘記的思維，寫下一大堆重點，但考試還是無法通過。有些同學用通過考試的思維，根據考試應答邏輯寫下有條理的讀書筆記，光是讀他的筆記就能幫助許多人通過考試，這時候這些筆記的用途難道是怕忘記嗎？當然不是，這些筆記的用途就是直接幫你通過考試。

所以，「防彈筆記」中的「核心任務筆記」應該怎麼寫？才能翻轉破碎的工作流程，開啟保護生產力與工作心流的第一步呢？

簡單來說，就是直接以「幫助我完成一個完整任務」的邏輯來寫出一則核心任務筆記。

前面第一小節我們談到碎片化工作的問題，於是你可能會想到需要把所有分散的碎片統整到筆記中。但是第二小節我們又談到，如果這些碎片進入筆記後依然是一些碎片筆記，那麼真正的防彈筆記系統，真正改變生產力的系統還是無法建立。來到第三小節，我們就直接揭曉「核心任務筆記」應該如何寫的流程吧！

步驟 1，以完成任務為單位建立筆記，統整資料碎片

郵件、即時通中，接收、傳送了許多檔案，或許電腦硬碟中也有許多分類整理的文件，乃至於實體的筆記本、資料夾中有需要的紙本文件，這些不同類型的文件資料雖然都有安放的地方，卻是在分散的工作管道中，會造成我們前面提到的碎片工作問題，而且這些分散檔案還缺乏如何使用這些檔案的流程與指引。

所以這時候，我們應該在防彈筆記系統中建立一個「完成任務」的「核心筆記」，然後把上述原本分散在許多地方的文件檔案，統一集中到這則核心筆記中。如果是數位筆記（例如 Evernote、Notion、Onenote、Obsidian 等等），這些文件檔案往往可以插入到筆記頁面中，要不然就是把檔案在哪裡的連結插入到任務筆記中。如果是紙本筆記，還是可以註記這則任務筆記需要的文件資料在哪裡。

接著，在這則「完成任務」的「核心筆記」中，寫下如何完成這個任務的流程與指引，簡單一點可能就是一份如何執行這個任務的行動清單。並且，把前面收集到這個筆記中的文件、資料，根據我寫出來的完成任務流程進行排序，並在檔案後加上使用指引。

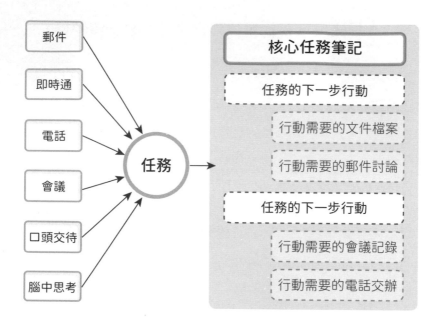

光是能做到步驟1，雖然還只是很初階的「核心任務筆記」，但已經能夠帶來顯著的效能提升。

例如我們找資料的速度將會大幅提升，因為只要去確認唯一一則核心任務筆記即可，不是在汪洋大海般的一堆碎片中找資料，而是先找到核心任務筆記，就可以在任務的下一步行動中找到需要的資料。

這樣的核心任務筆記能夠建立最基本的決策視野，因為工作、生活、學習的目的都是要完成一個一個任務成果，而核心筆記就是從「任務成果」出發，所以只要掌握住任務成果筆記，也就更能把握下一步需要的重要資料，並且看出要推進的下一個

步驟，因為只要在每個任務唯一一則核心任務筆記中確認即可。

封面文案設計：防彈筆記法

以完成一個任務成果為單位，建立核心筆記

☑ 整理封面草稿

☑ 寫出封面主圖概念

☐ 和作者、設計師開會討論封面設計想法

拆解完成這個任務的行動流程

📝 封面文案給設計師：防彈筆記法 ☁

把來自雲端硬碟的檔案，插入需要的行動後面

☐ 提供設計師設計

☐ 給設計師報價

- 接案人姓名：XXX
- 書號：2AB964
- 書名：防彈筆記法
- 工作內容：封面設計。包含：全書封面、書腰
- 請款金額：共計XXXXX元

把出現在即時通的討論，收集到需要的行動後面

☐ 邀請推薦人名單

☐ 設定書腰

- 150g銅西卡
- 不上光
- 5cm高

把會議討論的規格，收集到需要的行動後面

步驟 2：以任務筆記為核心，隨手記錄處理步驟

　　同一個專案、同一個任務，在不同郵件收到要解決的不同問題，直接回信討論處理步驟。即時通中在不同聊天串，商討解決任務的不同可能方案。待辦清單中，零散的記錄著不同任務、不同會議、不同時間點決定要執行的行動。結果一個任務的執行過程，細節散落在不同執行工具，可能方案遺落在不同討論串、不同紀錄中，做了什麼也散落在不同工具裡。

> **所以在「核心任務筆記」中，我們不只要收集前述的文件檔案資料、建立行動流程，我們也不要忘記隨手收集那些原本分散的討論回應、實際處理過程。**

　　例如當在郵件、即時通、會議討論、腦中浮現任何處理步驟，或是在不同工具執行了處理步驟時，都「複製一份」到任務統整筆記。例如郵件中回信解決了一個小問題，複製紀錄到任務筆記。例如即時通中討論了幾個處理步驟，複製紀錄到任務筆記。

這些「我的處理步驟」常常隱而不顯，他們很重要，但第一時間看起來不像是一個新文件、新檔案、新的交辦事項那麼明確的需要收集統整，但其實卻非常值得統整到「核心任務筆記」。

一旦開始這樣建立核心任務筆記，那麼當要處理該任務時，「只需要打開這則任務筆記」，就能清楚知道自己目前做了什麼、還要做什麼、可能可以做什麼？當任務完成後，「只要打開這則任務筆記」，就能回顧處理流程，進行覆盤檢討，下一次要參考時，也有完整、集中的執行步驟依據。

步驟 3：
出現新資料雜事，先問要完成哪一個核心任務

利用「核心任務筆記」還要打破〈1-2 防彈筆記，解決哪些關鍵問題？〉提到的「瑣事清單」問題，之所有我們的待辦清單慢慢變成瑣事雜亂清單，甚至我們的資料庫變成一堆雜亂不知如何使用的資料，都是因為我們之前沒有先建立「核心任務筆記」。

分散的行動與資料，是看不出也難以判斷優先順序的。

而一旦有了「核心任務筆記」，出現任何新的資料、新的雜事時，無論他來自哪裡或是什麼類型，我們真正要優先問的關鍵問題會變成：「他是要完成哪一個任務？在那個任務的哪個行動步驟需要？」

前面已經做好統整執行過程、資料碎片的核心任務筆記，那麼就在筆記中，隨時調整這個任務需要的步驟、資料的執行順序。

當出現新的雜事時（從郵件、即時通、會議），不是立刻排上待辦清單去做，而是先決定要怎麼放入原本的任務筆記中，問自己：

✎ 這件雜事、這個行動、這份資料，要在他所屬的哪則任務筆記中的哪個順序執行。然後就放入那個順序中。

✎ 告訴自己，所以等到那個步驟再處理即可，現在先做任務筆記前面的步驟。

✎ 不用擔心忘記，因為任務筆記已經是統整中心，在上面的都不會漏掉。

　　這樣一來，我們可以真正開始判斷優先次序。以前我們無法判斷，是因為我們想要當下用大腦判斷，可是專案、任務系統往往是很龐雜、複雜的，大腦是無法用想的來做判斷。現在我們可以判斷，是因為我們已經有統整的核心任務筆記，只要決定新出現的事情要放入筆記的哪個位置即可。

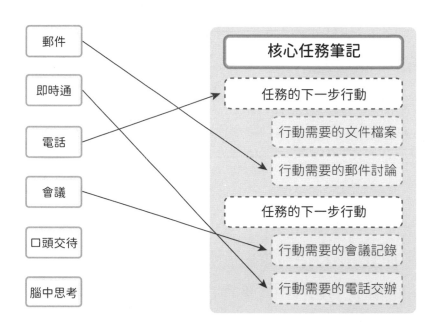

步驟 4：永遠從任務筆記出發，在任務筆記結束

　　為了處理一個任務，打開郵件，本來要找一封之前處理過程的郵件，結果被新郵件吸引，不知不覺花了幾十分鐘處理新出

現的次要任務。打開即時通，本來要確認之前的某段對話或文件檔案，結果被新對話拉去，不知不覺又晚了幾十分鐘才回到重要工作狀態。

現在我們有「核心任務筆記」，相對來說，任務筆記不會有新通知，更容易專注。而且任務筆記上，一個頁面統整了步驟、資料與想法，就算連結到其他資料也是直接連結，過程中不會看到多餘的東西，也就不容易分心。

並且核心任務筆記上已經統整了所有順序，照著做就可以，效率直接提升。再也不用在執行任務時，還要去不同的工作管道東翻西找。

而且「核心任務筆記」的效果不只出現在執行任務的過程中，更會在完成任務後繼續延伸他的效益！因為這次完成任務的過程、行動、想法、資料都在這則筆記中，無論要覆盤，還是下次要用時，只要找回這則任務筆記即可。

以前任務完成後想要覆盤檢討，但是根本無法記得、無法找回之前做了什麼？產生哪些資料？於是覆盤常常花時間又失準。

而現在執行任務過程要隨時開啟任務筆記，出現什麼新想法、新資料、新步驟，立即統整到任務筆記就對了。那麼每一則任務筆記，當任務完成後，就是最佳覆盤筆記，只要花一點點做最後整理，留作下次參考使用。工作上有很多重複任務，只要搜尋出上次的任務筆記，重複任務就能不犯錯、不用重新拆解、不須重新找資料，真正快速有效率的執行。

✎ 不需花時間建立系統，先寫出核心任務筆記即可

在許多時間管理方法、筆記方法中，往往會有幾個麻煩的問題是，好像需要先花很多時間建立一套系統，好像需要先花很多時間重新整理，好像需要先花很多努力熟練某種技巧。

不過在這套「防彈筆記法」中，我們不用先疊床架屋的把系統蓋好，甚至在後續的流程中也不需要花很多時間去整理系統，只要先專注做好一件事情就好，這個關鍵動作就是：「先寫出核心任務筆記」。

只要做好這一個動作，就可以創造很多的改變：

📎 以完成任務為目的，任務完成，價值也就完成了。

📎 以完成任務為整理法則，省下為資料而分類的時間。

📎 不需擔憂層出不窮的變化與資料，放進任務筆記需要的下一步就好。

📎 我們一定找得到核心任務筆記。但我們不一定找得到零碎資料。

📎 就算接下來什麼都不整理，一則一則核心任務筆記，自然看起來就是一個可以決策的系統。

一般筆記系統
還須要很多時間整理

會議	郵件
口頭交代	紙張文件
另一個會議	電話交辦
想法	又一個想法

防彈筆記系統
寫好核心任務筆記，自成系統

核心任務筆記	核心任務筆記
核心任務筆記	核心任務筆記
核心任務筆記	核心任務筆記
核心任務筆記	核心任務筆記

2-2

保持動態演化筆記

目標成果	花更少力氣建立有序的筆記系統邏輯
要解決 什麼問題	如果沒有時間寫好筆記怎麼辦？ 如果沒辦法一次規劃好目標筆記怎麼辦？ 如何整理出一套有用的個人知識管理系統(PKM)？
下一步 行動	☐ 檢查自己的筆記系統是否都寫成暫時的筆記 ☐ 檢查自己是在收集資料，還是撰寫知識經驗 　 筆記 ☐ 練習把一則暫時筆記改寫成核心任務筆記
下一步 連結	・持續更新的筆記系統：〈4-4 更新而非新增筆 　記，讓系統更穩固〉 ・搜尋就能找到筆記：〈3-3 簡單、精準的防彈 　筆記結構〉 ・設計筆記連結，以少馭多：〈4-3 利用連結， 　建立減少摩擦力的筆記系統〉 ・價值在寫筆記的動態過程創造：〈3-6 從問題 　演化出有價值的經驗筆記〉 ・從想法累積出目標：〈3-4 由下而上建立目標 　筆記〉

✎ 打破固定思維，筆記、系統都是變動的

為什麼我們覺得整理筆記、知識，管理任務乃至於專案資料，建立一套工作管理系統，或是打造一套 PKM（個人知識管理系統，Personal Knowledge Management），會是一件很困難、很複雜、很麻煩，好像需要用盡各種厲害工具，或是使用一套很繁複的整理邏輯，才能解決的事情呢？

有一個很重要的原因是，我們以為筆記、資料、知識、專案任務是「固定的」，所以我們想著如何一次寫好筆記，我們寫下資料後就想著如何放進整理系統然後就不要變動，我們開啟一個專案或任務後就希望一口氣規劃好就照章行事。

這時候，我們會開始非常在意筆記的格式、模板，想要一次寫好漂漂亮亮的思考筆記、會議筆記，於是也花了許多時間在設計筆記版面上。我們會在每次收集資料後花很多時間整理、標註，希望資料以後躺在一個完美的地方好讓我取用（雖然最後總是事與願違）。我們會絞盡腦汁設計各種管理流程，時間表、每日清單、甘特圖、流程圖，一旦這些專案任務筆記卡關了，也就有藉口先不要繼續進行下去。

在這樣的「固定思維」思維中，我們也會想著要如何找到一套完美的筆記工具，要如何設計出一套完美的專案任務管理流程，最好這套工具可以滿足我所有的問題與需求（但我們真正

知道自己的問題與需求嗎？），最好這套完美的專案任務管理流程可以做好計畫就不要變動，我只要跟著執行就好（但真的做好計畫，我們就自然而然會跟著執行嗎？）。

> **最後，這些「固定思維」反而害我們寫不出「核心任務筆記」，要不就是覺得寫得不夠好而沒有動筆，要不就是卡關後下次又新增一則筆記，要不就是花了很多時間在整理設計，卻沒有花時間去真正執行看看、寫寫看。**

在「防彈筆記法」中的第一個關鍵原則是建立「核心任務筆記」，而第二個關鍵原則就是「保持動態演化筆記」，這個原則，也是防彈筆記的整理原則、建立系統的原則，要破除上面這些迷思：

🔖 **不需要漂亮固定的筆記模板，持續修改的筆記是更好的筆記。**

🔖 **不需要很厲害的資料分類，跟著任務流程變動的資料是更好用的資料。**

📎 時間表、每日清單雖好，但不需要先去設計。因為應該是先有防彈筆記，才動態過濾出時間表、每日清單。

📎 工具很重要但也不是那麼重要，最重要的是開始寫筆記、開始執行任務。

📎 完美的管理流程不存在，但只要能跟著下一步行動調整，自然就有需要的流程。

所以在這個章節中，我們首先要分析如何動態的撰寫「核心任務筆記」，他並非一次就寫好的，也並非寫好就固定不動的，我們要展開一個筆記類型變動的過程，讓我們發現原來不需要很花心力去整理、不需要腦袋充滿靈感，一樣可以寫好「核心任務筆記」。

接著我們要展開一個最基本的防彈筆記整理流程，如何去減少那些過度、無用、勞心勞力的分類方式，用最少整理，掌握可以保護生產力的筆記系統，從而有辦法單純從寫「核心任務筆記」開始，打造出自己的工作系統、個人知識管理系統。

✎ 5 種筆記類型動態演化，從雜亂到有序

在防彈筆記法中，無論是很明確的專案、任務，或是經驗型的事件，還是學習後的知識，都是利用「核心任務筆記」來管

理，因為經驗事件的目的依然是未來的任務，而學習知識同樣是要完成寫作、分享、技能提升、解決問題等等任務。

所以在書籍的下一章「防彈筆記的流程」中會展開核心任務筆記的「一張輸出式筆記架構」，讓我們應對專案、任務、事件、學習的過程中，有一個保護保護高產出、高效能心流的系統。

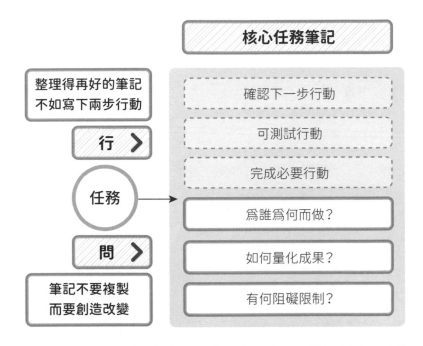

核心任務筆記

整理得再好的筆記
不如寫下兩步行動

行 ＞

任務

問 ＞

筆記不要複製
而要創造改變

確認下一步行動

可測試行動

完成必要行動

為誰為何而做？

如何量化成果？

有何阻礙限制？

在這裡談防彈筆記法的原則時，我們先不展開這張輸出式筆記架構的實際操作流程。但是，呼應前一段所說的動態演化，現在我們知道「核心任務筆記」並非是一次寫好、固定不變的，他不是某種考卷與答案的關係，而是不斷微調，最終幫助我們完成任務。

接下來，我們要分析 5 種會動態演化的筆記類型，不是說要分類這 5 種筆記，我們還是聚焦在只有一種筆記，就是「核心任務筆記」，但是「核心任務筆記」會從某些筆記類型演化出來，並進一步成長進化為真正創造成果、推動時間管理的筆記類型。

01. 暫時的筆記

雖然前面我們一直強調碎片太多、瑣事清單都是生產力瓶頸，但也不是完全不可以建立零散的筆記，因為有時候真的就是很忙、很緊急，只能快速的記錄。但關鍵就是，我們應該設定一個區域，專門收集這些零散的筆記，並且認知到這些只是「暫時的筆記」，還需要後續處理來演化成「核心任務筆記」，要不然依然是無法有效使用的筆記。

例如開會時討論了很多事情，一時之間，只能先開一則新筆記寫下來，這種筆記就要意識到這是「暫時的筆記」。例如我看到一本書籍的介紹，有點想買來看，先記下書名，但還沒把閱讀的目的寫好，我也會當作「暫時的筆記」。例如一個可能要做的企劃，目前只是有一些想法寫下來，但還沒安排下一步行動，還沒約定明確的行程時間，還沒排入工作流程，我也會當作「暫時的筆記」。

> 如果你同意上面這些都是「暫時的筆記」，意思是他們常常會無效。那麼或許這時候我們可以檢查自己的筆記系統，看看自己平常寫的筆記，會不會都是這些「暫時的筆記」而已？如果是，那麼我們的筆記系統當然混亂。

暫時筆記雖然不是筆記有效的型態，但卻是寫筆記過程必要的型態。因為我們總是先寫出「暫時的筆記」，才有機會演化出「核心任務筆記」。所以問題在於，可以怎麼處理「暫時的筆記」呢？

我們可以在自己的筆記工具中準備一個分類（少數真正需要的分類）、一個區間，取名「收集箱」，專門收集這些暫時的筆記。例如在 Evernote 中設定一個記事本叫做「收集箱」，在 Notion 中建立一個專屬資料庫叫做「收集箱」，在 Obsidian 中用每日日誌來當作「收集箱」（每日日誌是雜訊的收集，但真正處理應該要在核心任務筆記中）。如果是紙本筆記本，可以把開頭一部份空白頁設定為收集箱，或是把紙本筆記前面的日誌區塊當作收集箱（這時候也能搭配便利貼工具）。

所有暫時的筆記，就先丟進「收集箱」。我們可以每天（或每隔兩三天）到收集箱瀏覽一遍「暫時的筆記」，如果其中有一些緊迫性的任務，例如早上的會議紀錄、緊急的任務企劃，我會下班前把他們歸因到後面提到的相應的「核心任務筆記」。

如果是其他類的「暫時的筆記」，例如只記了書名的筆記，只收集一個影片的食譜筆記，只擷取了內文的文章等，我們可以看心情與時間，如果沒什麼特別感覺，先擺著放在「收集箱」也沒關係，絕對不需要硬要整理。我們甚至可以在一段時間後，把一些積壓很久卻沒有變成任務筆記的「暫時筆記」全部刪掉。

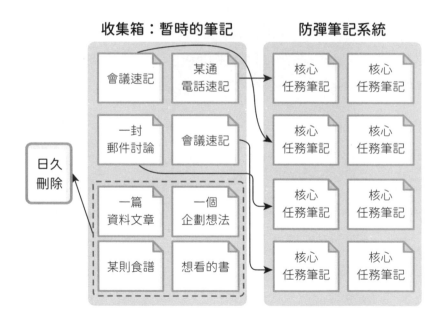

有了暫時筆記的使用說明書後，如果沒有區分與處理「暫時的筆記」，會有什麼問題呢？

第一個問題是，有可能我們會把這些暫時筆記就丟進某些專案分類中，可是這些沒有經過簡單處理，沒有確認下一步行動，沒有成為「核心任務筆記」的內容，最後只會「被遺忘」，當我們的專案分類中愈來愈多這些「暫時的筆記」，整個專案分類就會愈來愈混亂，搞不清楚哪些是真的要處理的。

第二個問題是，這些「暫時的筆記」有可能是真的需要處理的。結果我當作「暫時的筆記」亂丟在系統中，沒有去歸因到「核心任務筆記」，最後我就會漏掉某些關鍵的行動步驟，某些重要的資料。

02. 知識與經驗筆記

「暫時的筆記」經過處理後，可能會變成兩種筆記：「知識與經驗筆記」、「任務筆記」。其中「知識與經驗筆記」有兩種來源：

✎ 一種是「暫時的筆記」經過處理後，也完成初步學習行動，以後其他任務會有參考價值，這時候就會變成「知識筆記」。

📎 一種是「核心任務筆記」完成後，不需要再採取行動，但以後會出現類似、重複任務可再使用，會變成「經驗筆記」。

例如前述的會議暫時筆記中，有一部分討論了公司的政策方針，這些方針整理後，要等之後出現相應任務參考，暫時沒有行動需要去做（但以後會有行動需要），那麼我會把這部分獨立出來，變成一則「知識筆記」。前述的書籍筆記，會先經過「任務筆記」的階段，最後書籍看完了，整理出了重點、自己的想法與實踐經驗，那麼這則書籍筆記也會變成「知識與經驗筆記」。一個企劃想法，決定不做，或是做完了，但有些想法可以在其他專案、任務參考，也會變成「知識與經驗筆記」。

🔖

> 這類型的筆記，可能你之前的筆記方法中也很常做，但往往收集了一大堆這種感覺可以參考的資料，但最後真的需要資料卻找不到。關鍵在於，這裡說的不是收集資料筆記，而是撰寫「知識與經驗筆記」，後者最大的不同在於：我的改寫、與任務的連結。

　　什麼是「我的改寫」呢？關鍵就在於你只是收集了別人的資料，還是有補充自己的想法、思考，寫上自己要解決的問題，甚至用自己的話語重新說一次。

　　例如看完書籍的心得、讀完一篇文章的想法、自己寫完的文章，或是完成某個任務後的經驗記錄，實作過某個企劃後的經驗筆記，可以統一丟在一個「資源區（封存區）」的記事本，以後需要這些知識、經驗時，搜尋關鍵字找回來即可。不用擔心搜尋找不回來，如果你有加入「我的改寫」，通常裡面就包含了我們需要的關鍵字，這時候搜尋找到是最快最好的方式（針對數位工具來說）。

　　還有一個更關鍵的重點，因為真正的核心依然是任務筆記，所以我們要常常思考每一則「知識與經驗筆記」可以「插入連結」到哪一則、哪幾則的「核心任務筆記」、「專案筆記」中，如果這些知識與經驗不能在現在、未來的任務中被重複使用，是沒有意義的。

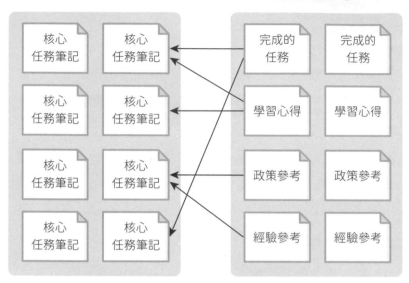

如果沒有區分「知識與經驗筆記」，只是停留在暫時筆記、資料筆記，會有什麼問題呢？

第一個問題，我們會誤把「暫時的筆記」當作「知識與經驗筆記」，但其實前者只是一個很快就用不了的資料而已。我們要知道：「需要處理過，資料才會變成知識。要實踐過，資料才會成為經驗。」

第二個問題，我們很容易忽略了「留下知識與經驗」的重要性，有意識地留下「知識與經驗」，我們的筆記系統才會更有效果。而這些內容不可能在一開始寫筆記時就知道，所以筆記一定是一個動態補充的過程。

03. 核心任務筆記

　　無論是工作筆記、生活筆記、學習筆記，所有的筆記都應該經過「核心任務筆記」的階段，才會更有價值：

> **一開始收集片段資料的時候只是「暫時的筆記」。但是經過行動的測試，變成「核心任務筆記」。執行到完成後則變成「知識與經驗筆記」，這是一則筆記最好的生命週期。**

　　例如一則書籍筆記，一定是先經過「閱讀」、「實踐」這樣的行動階段，先成為「任務筆記」，才有後面真正的知識與經驗。

　　關於「核心任務筆記」的結構與撰寫技巧，我們下一個章節就會深入分析，這裡還是先按下不表，先提醒原則即可。

　　「核心任務筆記」的區分，是給我們一個很重要的提醒，那就是沒有變成或經過「任務階段」的筆記，幾乎沒有意義。為什麼呢？

可能我只是在系統中一直收集資料，卻忘了最重要的創造成果，結果最後任務推進還是延遲、還是沒有好成果。可能我忽略了任務成果導向的思考，以及行動拆解，於是我的筆記就變成斷簡殘篇，缺乏架構。

我們要盡可能讓自己所有的筆記都變成或經歷過「任務筆記」的階段。就算是一則閱讀筆記，也要加上行動清單在自己的生活中測試，這就是讓所有的筆記都經歷過「任務筆記」階段的意思，這樣也才有好的知識與經驗筆記的誕生。

04. 永久型任務筆記

「永久型任務筆記」是「核心任務筆記」的延伸，但特別區分為一類的原因是要提醒我們盡可能在系統中建立更多比例的「永久型任務筆記」，當我們的「永久型任務筆記」愈多，其實代表我們更有效的進步與累積。

什麼是這些「永久型任務筆記」呢？

例如我有很多閱讀筆記，一直都還在不斷產生新行動去測試的階段，對我來說這些閱讀任務不是讀完就好，而是反覆從裡面拿出東西來在實際任務中測試，那麼他就是「永久型任務筆記」。例如生活中某些任務，每一次執行時我都反覆調整他的行動方式，想要找到更好的行動，也會一直發現新的問題，於

是這則筆記反覆需要執行，但也反覆需要修正，永遠都在「永久型任務筆記」的狀態。例如工作中有某些可以反覆精進的技能，或是某些一直需要微調的工作流程，我也會在一則任務筆記中不斷反覆修改精進，讓這些筆記多年來保持在「永久型任務筆記」的狀態。

> 「永久型任務筆記」的處理方式和核心任務筆記大同小異，唯一不同點就是「反覆修改」四個字，反覆拿出來執行，為什麼要這樣呢？這代表在某一件事情上我們的專精程度、精進程度。

所以，透過建立更多「永久型任務筆記」，代表我們在工作、生活中有更多專精的流程，這也是某種高效能系統的證明。

千萬不要同一個任務，每次新增筆記，但前面的錯誤沒有傳承到後面，曾經想過的方法沒有延續到未來，那麼就算有再多任務筆記，效能還是依然停滯不前。

05. 專案目標筆記

最後，在眾多「核心任務筆記」、「永久型任務筆記」中，累積出「專案目標筆記」，是我們維持一個簡單、精準防彈筆記系統的關鍵要素。

防彈筆記的撰寫中心是「核心任務筆記」，為什麼不是一開始就寫專案筆記呢？因為目標往往由下而上累積出來會更有效果、更容易實踐、解決真正的問題。

例如許多閱讀是為了解決親子溝通問題，所以有一則更上層的親子溝通「專案目標筆記」，統一管理所有相關的閱讀、課程、實作筆記。當然有時候也可能是先有一個很大的專案目標，那本身應該先建立一則「專案目標筆記」，然後拆解出下面的「任務筆記」來執行他。但這不妨礙由下而上累積目標的防彈筆記流程。

我會怎麼處理「專案目標筆記」呢？其實很簡單，就是在「專案目標筆記」中，拆解目標的設定、階段性的產出與行動清單，然後插入需要的任務筆記、知識經驗筆記的連結。

在防彈系統中，盡可能把所有的核心任務筆記都跟某些「專案目標筆記」做連結。最後會產生這樣的結果，如果我有1000 則任務筆記，但他們可能只是關聯到 10 個「專案目標

筆記」，這時候，我可以專注在這 10 則「專案目標筆記」進
行管理就好，是不是一瞬間輕鬆很多？

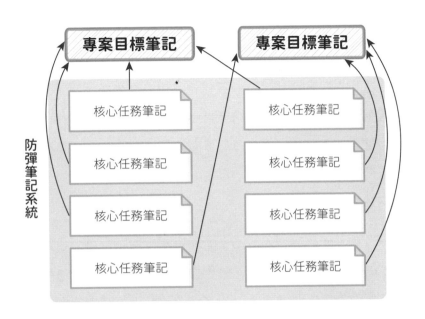

如果沒有區分「專案目標筆記」，會有什麼問題呢？

第一個問題，會變成要在一大堆任務、知識經驗中做整理，
這樣是「事倍功半的」。其實找出這些筆記背後真正關聯的少
數專案、目標，讓我們在少數的「專案目標筆記」中做管理，
才是「事半功倍」的作法。

第二個問題，很多時候，我們其實忽略了辨識「目標」的重
要，可是這樣一來我們會無法判斷事情的優先順序。例如我們
以為寫課程大綱很重要，但其實最終的目標是一堂成功的線上

課程，這時候還包含了市場研究、行銷設計，如果沒有更上層的「成功線上課程」這樣的「專案目標筆記」，我們就很容易陷入某個任務而忽略了專案整體成效。

第三個問題，沒有「專案目標筆記」，我們會忘記整合的重要。時間是有限的，如果做一個任務可以產生多重效益，才是更有效的做法。我現在寫的這篇文章，除了發布在部落格，有沒有可能變成書籍的一部分？有沒有可能錄成 podcast？這時候，要有「專案目標筆記」的思維，才能把一個任務做出「複利」的連結。

以上，就是在防彈筆記法中，需要辨識、區分、動態演化的 5 種筆記類型與狀態，分辨好這些筆記，我們就知道自己的任務管理系統問題出在哪裡，以及為什麼筆記總是整理不好。

✎ 用動態演化，取代分類整理

當我們的筆記是一個動態演化的過程，從暫時的筆記開始，建構出「核心任務筆記」。我們在核心任務筆記中行動，並產生許多知識與經驗筆記可以作為參考。累積一段時間之後，開始出現愈來愈多的永久型任務筆記，這代表我們的系統愈來愈穩固、高效。而當事情真的很多時，我們只需要從「核心任務筆記」的累積中，往上連結、聚焦出目標筆記的視野，其實就

能以少馭多的駕馭這套系統。

防彈筆記系統的動態演化整理流程

收集箱：暫時的筆記	專案目標筆記	專案目標筆記	資源區(封存區)：知識與經驗筆記
會議速記　某通電話速記	核心任務筆記	核心任務筆記	完成的任務　完成的任務
一封郵件討論　會議速記	核心任務筆記	核心任務筆記	學習心得　學習心得
一篇資料文章　一個企劃想法	核心任務筆記	核心任務筆記	政策參考　政策參考
某則食譜　想看的書	核心任務筆記	核心任務筆記	經驗參考　經驗參考

日久刪除

永久任務筆記　永久任務筆記　永久任務筆記

永久任務筆記　永久任務筆記　永久任務筆記

> 上述「防彈筆記法」為你展開的動態演化流程希望傳達的是，我們不是要整理筆記，而是要保持筆記的修改，區隔筆記的狀態。筆記需要的不是分類，而是在不同階段演化成不同需求樣貌。

這樣一來，從「核心任務筆記」出發，我們要區分的不是資料，而是區分「狀態」。把暫時的筆記放在收集箱區域，把知識與經驗筆記放在封存資源區域，讓我們隨時可以聚焦防彈系統中心的核心任務筆記。

狀態正確後，我們專注在核心任務筆記上，持續修改調整，接著要做的也不是整理分類，而是「演化」。我們要讓更多核心任務筆記變成「永久任務筆記」，這代表著我們的系統更穩固，有更多的最佳化流程，也就代表著更高的效能。

另外一個「演化」是，我們要把更多核心任務筆記連結到最終的「專案目標筆記」，於是我們由下而上的建立鳥瞰視野，當演化到這一步，我們專注管理的就是這少數的「專案目標筆記」即可。

國外知名的生產力專家 Tiago Forte 有一套針對個人知識管理系統的理論叫做「PARA」，跟防彈筆記系統這套整理邏輯可以彼此對照參考，大家會更有啟發。「PARA」這套整理邏輯要區分：

🔖 **Project，專案，那些明確要完成的具體目標，以及要達成這個目標的一連串任務與資料。**

- 類似防彈筆記法中的核心任務筆記、永久型任務筆記、專案目標筆記，這是系統的中心。

🖉 Area of responsibility，**責任領域，自己目前有責任推進、關注的某個範圍，例如想要學習的主題、想要改進的某種生活、某個職場的工作掌控等等。**

  ・防彈筆記法則認為，這個領域就是前面流程圖中心區域。

🖉 Resource，**資源，為了完成專案、推進領域，或者自己感興趣的各種參考資料。**

  ・類似防彈筆記法中的資源區域。

🖉 Archives，**封存，完成的專案、不再關注的領域、不再感興趣的資源等等。**

  ・類似防彈筆記法中的封存區域，但在防彈筆記法中則認為資源、封存是一致的，因為都是之後需要被重新使用的內容。

雖然對於如何打造個人知識管理系統上，各家研究有不同的特殊見解，但大方向其實是一致的。

首先，把「 Project 」放在整理的第一條，是非常非常重要的提醒！因為我們常常在整理筆記時，都是在「資源」層去整理，而後者的整理就是我們的資料庫會顯得雜亂或難以管理的原因。

但是如果整理的第一守則是「 Project 」，那麼我要思考的就是這封郵件或文件資料，是要解決哪一個專案？哪一個任務？我應該要把這份資料放入「核心任務筆記」或「專案目標筆記」才對。資料怎麼來的常常不是那麼重要，重要的是他要在哪個步驟中幫助哪個任務完成。如果是這樣分類，那麼最後我們獲得的整理，就是一個清楚看到我要行動的專案、任務的筆記，而其中可以看到每一個行動步驟與其需要的資料。

　　「責任領域 Area of responsibility」則提醒我們必須「主動劃分」出自己想要負起責任、長期關注的幾個「視野」，這個視野的建立與聚焦，是系統能清楚明白的關鍵。PARA 有其作法，而防彈筆記則希望透過核心任務筆記、永久型筆記的累積，最終連結出專案目標筆記的這個「過程」，就展開我們需要關注的責任領域視野。

　　而 PARA 中的「 Resource 」提醒我們要把自己持續「感興趣的資料」，和前面所說的明確要完成的「專案」、確實要維護的「責任領域」做出區隔，因為要執行的專案與責任領域更優先，而只是感興趣的資料不要變成一種干擾。

　　不過，我這裡想要為「 Resource 」做一點屬於防彈筆記法的補充與修改：

📎 **我感興趣的資料理應會跟我要實踐的某個專案、任**

務，或是責任領域有關（要不然我幹嘛感興趣？）。不如立即把這些資料去跟真正的專案、任務、責任領域連結在一起。

✎ 如果有些主題我真的很感興趣，這時候與其分類一個像是「食譜」這樣的資料分類，不如為自己主動設計一個「料理專案」，把它變成我真正想要維護，並且要開始實踐的專案，這樣資料才會有價值。

最後，無論是 PARA 方法，或是防彈筆記的「動態演化整理」，其實都是希望我們建立一個更簡單、精準的個人知識管理系統、個人任務管理系統，而這樣的整理邏輯可以帶來下面優點：

✎ 很多時候我們的待辦清單只是暫時的筆記

- 例如我們可能為了健康，建立了很多健康的想法、資料筆記，但這個健康的分類、待辦，很有可能只是一種臨時資料、暫時行動，但真正的任務與專案在哪裡呢？

✎ 避免忽略需要長期關注的任務與專案目標

- 當我們產生各種零散想法、讀到各種瑣碎資料時，如果想要收集分類，要優先想想他和哪一個我自己真正關注的任務、專案有關連。

避免太多分層，避免花太多時間整理

- 根據這樣的邏輯，我們不需要太多的分類層次，因為愈多的分類與層次，只是花掉我們更多的時間，但有可能並沒有做出有效的整理。

辨識出真正需要行動的資訊

- 要關注的是哪些是真正專案？什麼是目前要推進的任務？這樣打開防彈筆記系統，第一眼就看到下一步行動。

需要資料的時候可以有效找到並回顧

- 資料集中在一個找得到的資料庫，但要怎麼在這個資料庫中，明確的知道自己以後一定找得到呢？如果資料、行動都跟專案關聯，那麼以後我們其實只要搜尋專案、任務的關鍵字，就能找到該則專案、任務筆記，裡面自然就有我們在某個流程需要的資料了。

2-3

打造永久型任務筆記

目標成果	掌握反覆更新就能提升生產力量的筆記方法
要解決 什麼問題	太多拋棄式筆記反而讓效能無法提升？ 混亂的筆記從而工作流程也混亂？ 哪些筆記可以變成永久型任務筆記？
下一步 行動	☐ 把分散筆記，整合成一則永久型任務筆記 ☐ 列出你也有哪些需求可以變成永久筆記 ☐ 選擇一種需求，嘗試一個月，用永久型筆記 　改寫他
下一步 連結	・分類更少更穩固的筆記系統：〈4-4 更新而非 　新增筆記，讓系統更穩固〉 ・有力量的獨立任務筆記：〈3-2 三個問題、三 　種行動轉化筆記〉 ・有生命的筆記系統：〈5-3 把人生寫成一本屬 　於自己的書〉 ・讓目標不枯萎的筆記：〈3-4 由下而上建立目 　標筆記〉 ・覆盤讓下一次做得更好：〈3-5 打造內在循環 　的覆盤筆記〉

✎ 爲什麼「不要」一直新增資料筆記？

多年前「子彈筆記法」風行的時候，我們感覺到寫筆記可以幫助我們管理工作、生活、人生，產出行動的效果。但是衝刺得太快，有時候我們會感覺到事情還是愈來愈多，但待辦清單上真正完成的卻很少。如果一直新增各種專案、任務筆記，會不會最後我們依然還是被這些事情壓垮呢？

這幾年流行的「卡片盒筆記法」雖然是以知識管理爲主的系統，但也帶給我們在職場工作筆記、專案任務筆記、時間管理筆記中的許多啓發，其中的「原子筆記」、「長青筆記」概念，其實也對應到職場筆記中應該要有更多筆記是保持「統整聚焦」、「反覆更新」的狀態。

首先讓我們先來看看問題所在，寫筆記的時候如果沒有掌握好「一則（一頁）筆記的單位」（在防彈筆記法中，就是「核心任務筆記」），在這則核心任務筆記中「統整聚焦」、「反覆更新」，確實會造成非常多問題。

當你打開一則筆記，卻無法看到這個事件、知識、任務的全貌。你發現這則筆記只是某件事情的其中一個碎片，你還不知道這是不是最新最重要的片段，當然你也搞不清楚相關的前後資訊還有哪些，甚至你可能忘記這個碎片是要跟哪個任務連結，要如何處理。當出現這樣的情況，即使寫了再多筆記，也

只會覺得筆記是一團雜亂，無法真正有效幫助工作。

　　或是你花了很多時間整理出看似架構嚴明的系統，但發現每次打開某則筆記後，還需要繼續往下、往前、往後翻好幾個層次，才能讓你找到真正需要的重點。而且這些層次還很容易在中間斷掉（因為當時整理時可能漏掉幾步），找到一半就失去連結，最後還是找不到自己最後想要的內容。

這些時候，都是一個警訊，表示我們的筆記過於瑣碎複雜、太多層次、太多分類，而成為了一座資料迷宮。而造成這座迷宮的原因，往往並非我們整理得不好，通常還可能是我們整理得太多、新增得太多，卻更新修改得太少。

　　「分類整理」並非我們的目的，一座資料迷宮即使打造得再漂亮，往往也要花更多時間才能走到出口，更可能直接在裡面迷航，忘記了自己要前往的方向。

當真正的目的是「完成任務」時，其實更少層次的筆記結構，更能幫助我們掌控任務與專案全局，從而更有效率使用筆記。所以一個「原子筆記單位」應該是「一個要交付的任務成果」，在一則要交付的任務成果筆記中盡量減少分類分層、避免破碎分散。

下面有幾種情況是我們很容易犯的錯誤，從「永久型任務筆記」的角度來看應該盡量避免。

避免為了漂亮版面，導致筆記層次太多

例如為了進行一個線上課程專案，把每個單元課程需要的各種簡報做一個分類，把課程的各種素材做了分類，把課程的想法做了分類，還設計出課程的分鏡表分類、使用設備分類，感覺鉅細靡遺。尤其這幾年 Notion 這類資料庫工具十分熱門，但我常常看到在合作專案時，有朋友用心且花時間的把「專案資料」整理出這樣鉅細靡遺的架構，用各種資料庫格式做出漂亮的資料分層版面。

但在真正執行專案時，這樣的資料庫最後常常使用率很低，變成只是把資料漂亮儲存進去的架構，但真正要「執行任務」時，反而無法輕鬆看出任務的輕重緩急與下一步行動。甚至有時候要找個資料也都容易在多種分層的格式、多個資料庫中迷航。

但回到目標來看，一個線上課程專案真正需要完成的目標，其實也就是「把每一個單元拍完」，如此而已。這時候，一個線上課程專案的「核心任務筆記」單位，可能是一個一個要具體拍好的單元，另外加上需要完成的行銷任務、行政任務等等。

所以與其去窮究每種類型的資料怎麼整理，不如專注在思考「一個任務」要怎麼完成的行動步驟。資料的整理也應該是以任務的完成步驟為依歸。

如果你的筆記單位是「資料」，你會發現找到每一個資料筆記，往往還是不足以完成一件事，於是要在許多不同資料庫中花時間整合	如果你的筆記單位是「任務」，你會發現找到一則任務筆記時，就能完成這個任務，更精準，也節省不必要的找資料時間
☐ 課程大綱各種參考資料 ・… ・… ・… ・… ・… ・…	☐ 第一單元錄製完成任務 （一則核心任務筆記） ・所需設備 ・大綱 ・分鏡表 ・需要的簡報 ・需要的素材 ・講稿
☐ 簡報各種參考資料 ・… ・… ・…	☐ 第二單元錄製完成任務 （一則核心任務筆記） ・所需設備 ・大綱

- ...
- ...
- ...

☐ 影片各種素材資料
- ...
- ...
- ...
- ...
- ...
- ...

☐ 講稿各種備忘資料
- ...
- ...
- ...
- ...
- ...
- ...

☐ 拍攝設備各種需求資料
- ...
- ...
- ...
- ...
- ...

- 分鏡表
- 需要的簡報
- 需要的素材
- 講稿

☐ 第三單元錄製完成任務
(一則核心任務筆記)
- 所需設備
- 大綱
- 分鏡表
- 需要的簡報
- 需要的素材
- 講稿

☐ 第四單元錄製完成任務
(一則核心任務筆記)
- 所需設備
- 大綱
- 分鏡表
- 需要的簡報
- 需要的素材
- 講稿

☐ 第五單元錄製完成任務
(一則核心任務筆記)
- 所需設備
- 大綱
- 分鏡表
- 需要的簡報
- 需要的素材
- 講稿

避免為了分類，筆記太過破碎

以前面例子來看，一旦簡報、素材、企劃想法、分鏡腳本等等都有各自的分類，反而切碎了專注在「拍好一個單元」的任務流程。與其在執行一個任務的過程中（拍攝每一個單元），還要在筆記不同分類資料庫中東找西找，不如讓他們都在同一則筆記裡。

事實上，我們通常不需要分類會議記錄、簡報、資料文件、企劃想法這種「資料型」筆記。

我們真正需要分辨的只是「要完成什麼具體任務」，也只需要根據任務來做出最簡單的分類層次即可。

避免為了記錄資料，筆記太多版本

而且一旦我們不小心陷入「分類資料」的迷思，不僅會像上面所説，愈分類愈零散，而且會愈分類愈版本錯亂。

還是一樣的邏輯，這是簡報的第七版還是第六版，其實沒有意義，因為這是從資料角度看的邏輯，就算做了再多層次的版本分類，最後我們依然無法確認要用第六還是第七版。

有意義的是從任務角度出發，這是這個單元添加了所有想像得到的練習的版本，這是這個單元為了精簡時間後的刪減版，

而這只能回到個別任務筆記中記錄與管理，沒辦法單純在個別資料中分類。

✏️ 筆記是完整、獨立任務，才能成為力量筆記

> 有力量的筆記，應該可以獨立、完整完成一個任務，並且持續更新，聚焦有價值成果。

每一則筆記都是可以展開任務全貌的第一層筆記，在這第一層筆記中你就有足夠資訊幫助你完成這個任務。這樣的筆記會是最有效能的筆記，因為可以帶來下面的好處：

🔖 方便整理

- 基本上這樣的筆記，不太需要整理，搜尋「任務的關鍵字」就能找到。例如搜尋某個課程單元的名稱，搜尋某一個產品的名稱，一定能找到該任務的核心筆記，而裡面就有你要完成這個任務所需的各種資訊。

方便修改

- 執行工作時一定會有許多變動、臨時意外、新增資料，這時候，凡是跟某個任務有關的更新修正，就修改到該任務的核心筆記即可。簡單、明確，而且不用花時間去想這個額外資料要整理到哪裡。

聚焦成果

- 在煩亂的工作與學習中，聚焦在要產出的成果。而不要迷思在一大堆資料，一大堆散亂的行動中，一開始我們就建立以任務成果為核心的筆記，自然我們就能在工作上聚焦在這些真正要完成的成果上。

深化思考

- 可以把思考聚焦在真正的產出上，而不是散落在一堆雜亂資料上。前者可以引導我們優先去想一個任務如何執行的更好、避免問題、採取更有效的行動。後者只會讓我們出現一堆雜亂的待辦清單。

重新組合出目標

- 有了以任務為成果的核心筆記，你會更容易重新組合成未來你需要的專案，因為專案是「任務的組合」，你有了以各種任務為核心的一則一則原子筆記，就能更彈性的組合出各種專案流程。

持續覆盤成長

- 核心任務筆記更好覆盤，並且可以隨時把過去執行過的任務，拿出來在新的專案上利用。但如果你之前的筆記是一堆資料筆記，往往未來要執行其他專案時，就算裡面藏著一些可用資料，我們也會懶得去找回來使用，因為太花時間了。

持續更新核心任務筆記，變成永久筆記

在這幾年流行的卡片盒筆記法中，給這樣的筆記習慣一個很棒的名稱：「永久筆記」，或這在打造知識花園的概念中稱其為「長青筆記（Evergreen notes，常綠筆記）」，一則筆記應該是要被反覆更新，而非不斷建立新筆記。

> 一則筆記不會停留在事情這一次的完結，一個概念、想法、學習、問題的追究也不會有完結的一天，重複地在這一則筆記進行修正與連結，才能建立可被好好使用的筆記生命。

可是，從專案任務角度來看，我們要解決的就是一個一個會有完成日期的任務，每個任務都不同（但其實又有許多相同之處），這樣我們還可以寫出「永久筆記」、「長青筆記（Evergreen notes，常綠筆記）」嗎？

還是可以的：一方面在職場筆記系統中一樣可以找到許多應該保持更新，而非不斷新增的筆記單位。另一方面就算是有截止日期的任務，甚至已經完成的任務，其實也可以有永久型任務筆記的寫作管理方式。

一則目標筆記，就是從永久型任務筆記而來

有些朋友覺得建立了大量目標與任務拆解的筆記後，會不會人生好像都是照表操課，反而很累？但這其實是誤會了目標與任務筆記。

> 很多時候我們以為目標任務筆記是建立第一時間就完成規劃，就定型了，然後接下來就是照著做而已。但真實的情況往往並非如果，反而是想要建立第一時間就規劃定型的

目標筆記，最後往往反而成爲失敗的、拖延的，慢慢置之不理的「枯萎筆記」。

一個有效的目標任務筆記，一開始會像是種子一樣，從「還沒有真的決定開始做」就寫起，只有初步的想法，簡單的假設，但把腦中所想即時的寫進筆記中，把種子埋進土壤。

然後需要「一些時間的醞釀」，不需要刻意的規劃，刻意規劃反而容易讓筆記定型在錯誤的方向，揠苗助長。醞釀的意思是，或許我轉頭去做別的事情，或許我一段時間關注別的目標，但偶爾腦中碰出新的想法，就來澆澆水，繼續更新到這則目標任務筆記中。

慢慢地在不斷更新中，有一天找到了這則目標任務筆記的「可行、有動力成果」，也可能是這些目標任務筆記之間觸發了某種有機的連結，這時候就像忽然在枯枝中冒出新芽，開始可以做一些執行的行動規劃。

接下來則是「在執行過程中測試修正」，不一定需要一開始就花時間把目標任務規劃到徹頭徹尾，先找到可行的階段成果、下一步行動，就在實際執行中反覆修改想法、更新規劃、調整行動。

有一天目標、任務完成了，但事情通常還沒有結束，這時候這則筆記進入「冬眠準備期」，或許可以當作反省與參考資料，等待下一次有類似目標、任務時，可以與之連結，可以從這裡複製資料到新的目標、任務中，可以在新舊想法與計畫中提供刺激，甚至可以直接拿出來重新使用。

一種工作模式，可以成為永久型任務筆記

例如辦公室中解決某種問題、完成某種行政流程的筆記，我們可以把這些筆記「獨立出來」，變成一則可以反覆更新的種子筆記。

這時候，辦公室的這個行政流程可能會不斷更新、修正，每一年會有新的做法，有時候會發布新的規則與命令，或是在某一次任務中我們自己發現幾個執行時要注意的問題，或是在某一次任務中獲得一個覺得以後值得參考的文件。

一種工作模式的「永久型任務筆記」，就會在一則筆記中反覆更新上述內容，而非不斷地建立拋棄式的新筆記，也非把這些經驗散落在各自不同的任務筆記中。

此外，我們也可以讓各種不同的專案任務筆記，去連結這些工作模式的「永久型任務筆記」，利用其中反覆確認、修正過的最佳工作流程。

例如我有一則自己製作書籍過程中的專案流程範本筆記，這則範本筆記中連結出去的合約處理方法、版稅申請方法、寄送包裹方法、處理 ERP 表單方法等，全部都是在這十幾年工作經驗中持續更新（而非新增）的「永久型任務筆記」。

大量書籍國際快遞

- 要計算 DHL、Fedex、順豐快遞, dpex 的費用
  - 一本 256 頁的書籍, 大約 340 公克, 140 本大約 47.6 公斤
  - DHL 費用：XXXXX 元
  - Fedex 費用：XXXXX 元
  - 順豐快遞費用：XXXXX 元
  - dpex 費用：XXXXX 元
- 詢問作者是否可以接受
- 確認是否可在國外書店領書
  - 國外書店聯繫方式 XXXXXXX
- 跟會計確認國外訂購是否可以匯外幣
  - 會計聯繫窗口 XXXXXX
  - 文件：公司外匯資料文件檔案
- 確認外幣價格, 請作者匯款
- 最後確認作者寄送地址

- 寄送地址：XXXXXX
- 聯繫快遞公司取件
  - 會計聯繫窗口 XXXXXX
  - 文件：公司外匯資料文件檔案
- 確認外幣價格，請作者匯款
- 最後確認作者寄送地址
  - 寄送地址：XXXXXX
- 聯繫快遞公司取件

一個生活問題、人生目標，可以成為 永久型任務筆記

對於像是生活問題、人生目標這樣的筆記，也很適合從「日記書寫」轉換成「永久型任務筆記」的模式。

日記書寫模式，可能是在發生這些生活問題時，寫一些反省日記。可能是把一些生活習慣拆解成破碎的小任務行動。

而「永久型任務筆記」的模式，這是把這樣的生活問題當作一個長期研究的主題，把這樣的生活習慣當作一種長期更新的人生目標來管理。

例如我把「孩子的溝通課題」，當作一則「永久型任務（目標）筆記」，從三年前開始建立後，我持續在上面更新我對這個課題的不同階段反思，常常還有對前面的想法的推翻，以及新的目標的設定。但是我沒有因此讓我產出很多零散的日記、分散的任務，而是不斷的在這則筆記上，更新、修正我自己的想法、行動。

　　然後我發現，只要找出這則筆記，就能提醒我注意自己過去的盲點，警示我採取現在新的做法，並更能有效地不斷驗證什麼是更好的方法。這是用過即丟的拋棄式筆記做不到的。

和孩子一起練習情緒管理、溝通合作

- 目標成功故事：
  - （2022 年）孩子可以獨立的做出自己的計畫，主動提出自己的需求，讓爸爸媽媽跟他一起合作
  - （2021 年）孩子在遇到不如他意、被指責時，可以用溝通協調的方式，採取折衷的合作行動
  - （2020 年）孩子願意跟爸爸媽媽一起合作，即使不能 100% 以他為中心時。

- 要解決的問題：
  - 遇到爸爸媽媽拒絕他的意見時，會立刻說出生氣的話
  - 需要練習「失望」，有些事情與環境不會全部如自己的意
  - 還不懂得辨識情緒的技巧

- 階段性成果
  - ☐ 練習獨立處理自己的生活習慣
  - ☐ 練習多說請，謝謝，對不起
  - ☐ 讓孩子知道父母的需要

> 給他時間發洩一下情緒，自己做出「他其實知道要做什麼」的選擇，但不是因為我們逼他，也不是給他額外引誘，也不會真的多出太多時間，但是這樣可以慢慢讓他建立自己的認知。

  - ☐ 練習合作家事

一種學習技能、生活經驗，可以成為永久型任務筆記

有些任務其實不需要結束，他的完成，還會接續下一次的使用。例如反覆拿出來使用的料理食譜，例如可能會光顧好幾次的餐廳、景點，例如每年都要處理一次的車輛保險，例如某個理財方法，這些筆記也很適合用「永久型任務筆記」的方式來撰寫。

而這時候，除了把過程中的紀錄，持續更新到同一則筆記外，別忘了一個重要的步驟，加入一些「下次要試試看的行動」、「下次要注意的細節」等等。

這樣一來，這些筆記就從過去延伸到了未來，而當下次需要，找出這則筆記，就能繼續累積過去與未來的連結。

利用這樣的概念，提醒我們無論是在撰寫職場筆記，還是生活筆記時，都需要注意到其實大多數的筆記都是可以反覆更新，都是可以維持更常生命的，筆記並非用過即丟，而一則「永久型任務筆記」，可以帶給我們更大的價值。

Part 3

防彈筆記的
流程

防彈第一步：集中處理

目標成果	用最簡單的步驟寫出有產值的、完成任務的筆記
要解決什麼問題	我們平常寫筆記、列待辦清單犯了什麼錯？ 面對雜亂的訊息與事情，要怎麼有效接收？ 我們真的需要很複雜的模板或整理工具嗎？
下一步行動	☐ 檢查自己的待辦清單可能有哪些問題 ☐ 把今天接收到的雜訊，進行「集中處理」 ☐ 練習把一個新資訊「集中處理」到核心任務筆記
下一步連結	· 如何有效收集整理碎片：〈2-1 建立核心任務筆記〉 · 暫時筆記的區隔與刪除：〈4-2 準備一個暫存筆記收集箱〉 · 處理當下就連結：〈4-3 利用連結，建立減少摩擦力的筆記系統〉 · 健康系統讓自己不易拖延：〈5-5 用防彈筆記克服拖延〉 · 一則筆記管好不斷變動資訊：〈4-4 更新而非新增筆記，讓系統更穩固〉

建立有效的「流程」，是提高生產力很關鍵的一部份，甚至可能是最關鍵的一部份。相信很多朋友會覺得都已經很忙很累，哪有時間去建立系統？所以「工作流程」、「生活流程」、「學習流程」不一定是需要很多時間整理與完善的複雜系統，但「流程」也不是放任事情散亂而不去整理，這樣最後只會傷了自己。

防彈筆記法把「流程」定義為我們處理事情當下採取的行動方式，包含關鍵的第一步行動，以及後續一連串行動與其效果，這個流程將會決定我們未來效率的高低。

而在前一個大章節中確立了「防彈筆記」的三大原則後，接下來在這個大章節中，我們要用一個一個單元展開防彈筆記實際執行的流程，並深入分析每一個步驟的技巧與效果，最終的目的就是可以讓讀者上手操作，打造出一個透過防彈筆記保護好生產力，進而完成更多有價值任務與目標的系統。

第一單元，我們就從防彈筆記關鍵的第一步：「集中處理」開始。

✎ 解決碎片工作的第一步改變

無論是工作還是學習，我們寫出來的筆記往往只是在收集資

料，可能只是照著收集到的時間、收集的來源、收集到的內容來分類。於是我們的筆記會出現兩大問題：

📎 **筆記散落在很多不同的地方，我們很難記得這些位置，更難記得資訊發生的日期，等到之後真正撰寫文章時，我們要花加倍時間回到這些不同的地點把不同的訊息找回來，甚至可能找不回來。**

📎 **其中部分（甚至很多）筆記沒有經過處理，只是畫上重點、寫下片段註解，會不會之後就算找回來，也忘記要如何使用，忘記當時完整想法。於是我們又要花加倍時間重新閱讀、理解、分析一次。**

也就是說，還不需要談到後面的拆解與整理，往往我們是在「開始寫筆記的第一步」就出了錯。

所以本書開頭第一單元〈1-1 防彈筆記，如何改變生產力？〉就提到：「防彈筆記法可以提供給你一個完整的、內在的、能動的流程，這套流程從要捕捉什麼東西到筆記，以及如何消化這些雜訊開始。」我們必須先改變自己第一步「如何把資訊捕捉到筆記」的動作。

那麼，這個「如何把資訊捕捉到筆記」的動作要如何改變呢？就是「集中、處理」四個字：

✎ **集中**：當下把不同工作管道的碎片集中在一個地方。

✎ **處理**：當下把資料寫成自己理解、需要的內容，並放入需要的位置。

「集中、處理」四個字的提醒，不僅在工作、收活任務管理上很有效，在學習與寫作流程中一樣有幫助。這幾年很熱門的「卡片盒筆記法」，其經典著作《 How to take smart notes 》中分析我們為什麼讀了一大堆書及與論文，還是寫不出自己報告的原因就在於缺乏集中處理。

✎ **集中**：不同書中的重點應該抄錄到一個可以統一找到的資料庫，任何跟未來寫作有關的想法、註解也應該集中在一個統一的資料庫中。這樣到時候，我們是在一個統一的資料庫整理，而不是要回到不同的書籍、論文、資料來源去整理。

✎ **處理**：資訊必須處理過才有意義，比起畫上重點，更應該用自己的話把理解後的知識寫下來（如果是為了引用，那可以同時保留自己的話、對方的話）。並且應該思考這個資料和哪些資料相關，和哪個未來寫作主題相關，並建立連結。

要注意的是，「集中、處理」是同一個步驟，而不是先集中不處理，或是處理但沒集中。如果只是集中，但集中的都是片

115

段資料、別人的資料，最後也依然是一個雜亂的資料庫。如果只有處理，但內容散落在不同的地方，我們也無法真正做出有效率的統整。

✎ 學習、寫作、資料筆記如何集中處理？

我們不一定每個人都要寫論文、做報告，但我們日常都會有自己想要學習的某些主題，學習過後也可能會希望有某些產出，不一定寫作，但也有可能是類似寫作的分享。這時候，往往我們會開啟收集資料的動作，也就開始產生大量筆記。但是別忘了，單純收集資料的筆記，很有可能最後都是碎片筆記。

回想看看，你有沒有寫過很多閱讀重點筆記，但最後找回來看的其實很少，因為可能都散落在不同書籍的分散頁面中。你有沒有收集過很多感覺不錯的網頁文章，但最後只是讓自己的 Evernote 或 Notion 的資料庫爆炸。

這時候，其實可以試試看，把收集筆記的動作，改成「集中處理」的動作。

首先，在「集中」的過程上，無論是閱讀文章獲得的想法，或是閱讀書籍得到的啟發，首先一定是統一集中收集在某個自己決定的資料庫中。例如我自己使用的是 Evernote，那麼書

籍中獲得的想法、文章中獲得的啟發，甚至她是在紙張上也要掃描後，放入統一的 Evernote。如果你使用的是紙本筆記，你還是可以把原本寫在書籍中的重點抄錄到紙本中，或是把文章剪貼到紙本中。

> 但是，別忘了前面我們所說的「集中、處理」是同一個步驟，在防彈筆記中絕對不會只做集中收集這個動作，一定還會當下進行處理。「處理」的步驟可以相對複雜，但其實也可以很簡單，其實就是帶入一個關鍵的問題意識：「我爲什麼要收集這個資料？我打算之後如何使用這個資料？」

例如我掃描了書中某一頁重點資料（為了有原文參考），透過問自己「我為什麼要收集這個資料？」我會附註上幾句自己覺得這裡為何重要的想法與解釋。又透過問自己「我打算之後如何使用這個資料？」於是我能夠加上幾個待辦清單（表示我思考如何去實踐他）。這樣一來，我就把這的資料，「處理」

成以後我能夠使用的筆記內容。

但是，「集中、處理」還可以有更進階的做法，到了這樣的階段，這則筆記有可能還只是我在〈2-2 保持動態演化筆記〉中提到的暫時的筆記而已。

但防彈筆記的目的是要建立「核心任務筆記」。這時候回頭看看前面這則加上了自己想法，包含可能要如何使用的行動清單的暫時筆記，我會追問自己「所以這則暫時筆記，會跟哪一則核心任務筆記有關？有需要呢？」於是最好剛剛寫下的內容，就直接整合、連結到真正需要的「核心任務筆記」中。例如可以在某一則寫作核心任務中的第三小節，如何使用剛剛的資料來解決問題。

> 所以當我們可以做到在暫時筆記的集中、處理後，可以試試看更進階的「集中、處理」，也就是「集中」到核心任務筆記，「處理」成核心任務筆記需要的樣貌與位置。

在〈2-1 建立核心任務筆記〉有一張流程圖，就是展示出「集

中」到核心任務筆記，「處理」成核心任務筆記需要的樣貌與位置的過程：「在一則完成任務的核心筆記中，寫下如何完成這個任務的流程與指引，簡單一點可能就是一份如何執行這個任務的行動清單。並且，把前面收集到這個筆記中的文件、資料，根據我寫出來的完成任務流程進行排序，並在檔案後加上使用指引。」

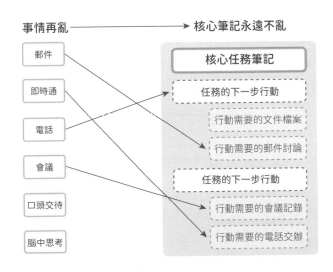

這時候我們還可以延伸思考，如果説我收集某篇網頁文章，只是覺得他很好，但其實當下完全無法讓他跟任何自己的核心任務筆記產生連結，或是無法做自己的處理，那麼不如不要收集！或是先把這些內容放在我們〈2-2 保持動態演化筆記〉提到的暫時筆記中，過一段時間如果都不能放入核心任務筆記就刪除。

如果不這樣做，那麼只是收集資料的筆記，最後就會因為不

集中、不處理，而讓自己的資料庫變成難以使用的垃圾庫。

當我們能開始「集中、處理」，我的「處理」會帶來搜尋需要的關鍵字。例如更符合我自己思考的想法詞彙（因為我用自己的話來重新處理過），更符合我的需要的行動關鍵字（因為我列出待辦清單）。

當我們能開始「集中、處理」，我的「處理」還能幫助自己當下建立某些「明確的任務連結」，這樣之後其實不用真的想起這個資料，而是在執行每一個任務時（因為任務是一定會執行的），自然看到當初連結的資料，自然就會去使用這個資料。

✎ 工作、生活筆記如何集中處理？

職場上的雜事與資料就像我們破碎的筆記一樣，都是分散在不同工作管道的，例如有些在郵件、有些在即時通、有些在硬碟、有些在紙本筆記、有些在網頁、有些在腦中。如果我們執行一個任務時，需要回到兩個以上的不同管道去找回資料，這樣同樣要面對前述的兩大問題。

第一個問題我們在〈2-1 建立核心任務筆記〉討論過，資料碎片散落不同工作管道，我們要花加倍的時間找回資料才能處理任務，我們會忘記某些關鍵資料，我們會因此出錯，我們

還會因此很容易分心（想想你每次再打開郵件會發生什麼事情）。

> **但更嚴重的問題是，資料碎片在不同工作管道，就表示他們沒有經過有效的處理，沒經過處理的內容，下次要執行任務，又要重新讀一遍、再確認一便行動、重新思考優先順序，這是多重的時間浪費，也會讓自己工作永遠無法簡單精準。**

這樣的工作流程，其實就是我們為什麼覺得自己效率無法提升、覺得為什麼事情好多好雜、覺得工作的干擾太多、覺得自己做得心很累的最大原因之一。

所以「集中、處理」是同一個步驟（再次提醒！），集中就要處理，處理就是集中。

所以把方法套用在職場工作上，我們從關鍵的第一步開始改變，就能產生很大的成效：

✎ **集中**：不再需要回到郵件、即時通、文件等不同地方找資料，有一個統一個資料庫來搜尋這些資料。

✎ **處理**：但不能只是丟到資料庫就好，我們要把資料處理成任務需要的樣子，例如把資料放進需要使用的任務筆記中，或是重新用自己的話來分析一封郵件任務，或是拆解出資料的行動清單，或是建立需要的連結。

我們的筆記系統會從只是收集很多資料、還需要很多時間整理的散亂系統，變成有一個集中系統，並且每一則筆記都是為了完成任務而設計的系統。這時候，打開任何一則核心任務筆記，就能幫我們集中處理完成這個任務。即使之後沒有時間做更複雜的整裡也都沒關係，你的第一步，已經幫你打造出一個健康、有效的工作資料庫系統了。

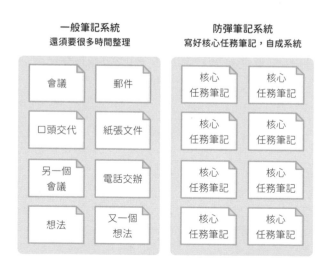

在處理這些資訊的第一步，就做好「集中」、「處理」，那麼後續自然而然的就會變成：

✎ **每則核心任務筆記，裡面有他所有需要的碎片資料（雖然這些資料原本來自不同管道）。**

✎ **每個核心任務筆記，有他需要的行動清單、重點註記。**

✎ **我只要搜尋到要執行的核心任務筆記，裡面就是所有我需要知道的東西，以及他們的執行步驟。**

OK！一個保護高產出、高效能的系統，不就建立起來了嗎？

> **我們需要的只是能夠把任務成果完成並交付的系統而已，這時候我們要知道的只是這個任務的下一步行動與其需要的資料碎片，其他整理可能都是多餘的。**

要實踐這樣的系統，無論在寫作還是工作筆記中，就是從關鍵的第一步「集中、處理」開始改變。只是說起來簡單，實際執行起來會不會很難養成習慣呢？當然，要養成什麼習慣都是

有難度的，我會建議從下面三個角度來切入，可以幫助你更快上手：

📎 不要總想著以後我可以好好把系統整理起來，也不要現在就先丟資料進去就好。如果這樣想，反而之後會需要花掉更多時間去完成你的統整與執行。

📎 收集的當下，也不要想得太複雜，聚焦在這是要完成哪一個任務？關於哪一個知識主題？要解決哪一個問題？這樣的思考即可，然後把這些碎片資料放入該核心任務筆記中。

📎 但是記得起碼做一步處理。以寫作來說，這一步就是用自己的話說出來。以工作來說，這一步通常是拆解出我要做的行動清單。

整個防彈筆記系統，後面還有許多技巧與流程，但掌握「集中處理」的關鍵第一步，後續的流程會變得更容易水到渠成，並且也已經能立即獲得最大的改變。

3-2

三個問題、三種行動轉化筆記

目標成果	掌握一張可把雜訊輸出高價值的防彈任務筆記架構
要解決什麼問題	如何從單純輸入，調整成有價值輸出筆記？ 如何把雜訊變成有價值的任務？ 如何寫出別人寫不出來的高產出筆記？
下一步行動	☐ 練習把每天的雜訊，轉化成任務與行動 ☐ 練習針對一個任務，提出起碼一個問題 ☐ 練習在任務中拆解我需要做的下一步行動 ☐ 確認自己目前防彈等級，並練習提升到下一個等級
下一步連結	・跳脫瑣事清單思維：〈1-2 防彈筆記，解決哪些關鍵問題？〉 ・有力量的獨立任務筆記：〈2-3 打造永久型任務筆記〉 ・筆記是往目標去收斂：〈3-4 由下而上建立目標筆記〉 ・從問題出發的筆記：〈3-6 從問題演化出有價值的經驗筆記〉 ・推進行動的每日清單：〈3-7 建立有效的每日行動清單筆記〉

收集資料筆記的問題除了碎片化、沒有集中處理之外，也因為缺乏「轉化」，所以只是輸入一些雜訊，但雜訊怎麼輸入還是雜訊，永遠無法輸出成高價值的任務。這樣子會產生什麼情況呢？

如果是在收集寫作、報告相關的筆記，收集一大堆雜訊後，就是發現等到真的要寫成論文、文章時，卻還是什麼想法都沒有，一大堆雜亂資料庫也就只是很多資料而已，依然還是無法高效率產出內容。因為輸入雜訊時，如果沒有當下轉化成自己可以用的想法，以後反而更難轉換，最終筆記就只是一堆雜亂資料。

如果是在管理專案、工作，收集一大堆交辦、資料、訊息，一大堆的會議筆記，最後真的要處理任務時，卻還是不知道任務應該怎麼做？下一步行動是什麼？需要的資料是什麼？只能看著一大堆筆記的資料庫嘆息，任務還是無法有效的完成。因為輸入交辦訊息時，如果沒有當下轉化成自己如何執行的內容，以後更容易忘記自己到底要怎麼執行，最後自己的工作筆記就只是一堆用不到的記錄而已。

所以在掌握「集中處理」的步驟後，我們要掌握「轉化」技巧。

> 防彈筆記法的建議是乾脆一開始就用「輸出」
> 的技巧，把雜訊轉化成「任務成果」、「我的
> 行動」，從而第一時間就輸出高價值的任務
> 筆記。

✏ 跳脫瑣事清單思維：任務成果、 我的行動

可以從兩種筆記習慣、列待辦清單習慣，檢查看看我們的筆記邏輯、時間管理邏輯是否有效：

📎 （相對無效）筆記是照著發生時間寫 VS（相對有效）
筆記是照著任務邏輯寫

📎 （相對無效）筆記只想要記住資訊 VS （相對有效）
筆記寫未來我要怎麼行動

依照發生時間寫筆記，是一個很直覺的寫筆記習慣，但用在工作上時，反而容易讓要管理的事情變得很分散。跟著發生時間隨手「記下」發生的想法、資訊、待辦，但發生的時間不

一定是要處理的時間，更不是任務處理的邏輯。當最後事情跟著發生時間排序時，這樣的筆記就變成要依靠大腦去找回與確認，反而失去了筆記記下來幫忙大腦減壓的本意，還會搞亂真正任務執行的優先次序。那要怎麼辦呢？其實也不難，無論使用什麼筆記工具，筆記應該照著「一個任務成果」的邏輯來寫。

當我們只是想到要記住發生在眼前的資訊，就會很自然的翻開一頁就開始隨手記錄，甚至拿起一張便利貼就開始速記。但這樣的記錄很自然的衍伸出前述的問題。那麼可以怎麼做呢？其實也不難，在記下來的時候，多想一下未來要怎麼行動，並且把要記的內容寫在「未來要行動的地方」。

例如老闆會議中跟我說，之後要製作產品網頁時，可以把剛剛討論的消費者需求問題寫上去當做訴求。隨手記的方法，就是把老闆剛剛說的這段話，直接寫在今天的會議筆記中。但是這樣的記錄，只能解決幾天內要完成的事情，如果時間一久，往往到時候就漏掉忘記，或是要花很多時間回頭確認。而「寫在未來要行動的地方」，就是立刻打開目前正在構思產品網頁要怎麼設計的那一頁任務筆記，在裡面文案的部份，加上一句：「把消費者需求問題寫上去」，甚至當下就把剛剛討論的需求，簡單轉換成文案，記在網頁文案筆記的行動內。

這樣子的調整，我們輸出的就不再是瑣事清單，而是一則一則的核心任務筆記，也是有價值的筆記。

讓我們用下面這個例子，練習看看如何把雜訊轉化成「任務成果」、「我的行動」。

在一次早上的會議中，主管提醒說：「最近你負責的 A 產品，他的生產工廠有時候會有顏色偏差，要特別注意。」然後到了下午的時候，有客戶寄信來確認：「我要購買一些 A 產品送給香港客戶，想買 130 組。因為時間關係，有沒有可能在你們下週產品生產完畢後，一週內快遞給我呢？」請問，這時候你如何筆記這些雜訊？

如果是「瑣事清單」的思維，可能會把筆記寫成這樣：

今天的筆記

☐ 要注意A產品的顏色偏差
☐ 客戶要買130組產品, 兩週內要快遞到香港

雖然上述的筆記看起來有集中，也似乎有一點處理（把客戶的要求轉化成更精簡扼要的重點），但這樣的筆記還少了兩個最重要的輸出：「任務成果是什麼？」、「我要做什麼行動？」

首先，上面這些雜訊，背後真正要完成的「任務成果」是什麼？我們可以定義為：「下週要準時、準確的完成 A 產品的

129

生產」，因為顏色偏差的問題背後真正要達成的是 A 產品的完成，客戶需要的快遞也是 A 產品準時完成後相關的行動。

接著，主管跟我說不能有顏色偏差，但是就算寫下這句話，難道就能確保顏色不偏差嗎？所以我們要問的是，為了顏色不偏差，「我要採取的行動」是什麼？我現在應該做什麼行動去確保這件事情？同樣的，客戶購買 A 產品的要求背後，一樣有我需要採取的行動。

所以經過「任務成果」、「我的行動」的轉化，我們應該輸出像是下面這樣的一則核心任務筆記：

任務成果：下週要準時、準確的完成 A 產品的生產

- ☐ 打電話給工廠，請她下週一提供給我樣品，確認顏色正確
  - ◦ 主管說生產工廠有時候會有顏色偏差
- ☐ 打電話給工廠，確認下周可以把A產品完成並出貨
- ☐ 跟業務確認A產品還有130組可以另外購買
- ☐ 寫信詢問國際快遞到香港的時間，費用
  - ◦ 客戶要送給香港客戶 130 組產品，但需要兩周內寄到

你覺得這樣一則包含任務成果、我的行動、外在資訊的「核心任務筆記」，跟前面的瑣事清單，有什麼不同呢？後面這樣一則筆記的輸出轉化，立即可以帶來幾個優點：

- 清楚的優先順序，從任務成果出發我們才知道輕重緩急，有了具體行動才有執行順序。

- 立即可做的行動，把雜訊轉化成我要做什麼行動，這則筆記才能真正有助於執行。

- 不會遺漏細節，更不會遺漏要趕快去做的行動。

- 明確的知道為何而做，清晰知道我最重要要產出的成果是什麼。

就如同本書在〈1-2 防彈筆記，解決哪些關鍵問題？〉所說：「這也是用防彈筆記取代瑣事清單可以帶來的改變力量，讓任務不只是一些交辦的條列，而是有一套書寫的流程可以深化對於任務目的、架構、方法、經驗與可能性的思考，於是我們就能從處理完任務，變成做好一個任務。」

關於任務成果，三個關鍵問題

工作上常常有很多臨時交辦事項，會議中接收到很多雜亂資訊，感覺自己當下明明有筆記，但是往往過了一段時間之後，客戶指責你怎麼沒有進度，老闆指責你怎麼交代過還做錯，而

你覺得明明是對方當初沒有交代清楚。回頭看自己的筆記，愈看愈不甘心，這裡面到底問題出在哪裡呢？

防彈筆記不只是要能接住、記住這些臨時的訊息。最好的筆記，是寫出比對方告訴我的更豐富、更有價值的內容。而這就需要我們懂得提出有效的問題，並把這些問題與答案寫進真正的核心任務筆記中。

這樣一來，即使跟別人都接收到的是一樣的資料、類似的資訊，但我們就是可以寫出比別人更有價值、更有行動力，也更能有效率管理工作流程的任務筆記。

前面已經提過，每一次撰寫筆記時，有意識的問自己：「這是要用來完成哪一個任務成果的？」這個問題就可以幫助我們找到寫出好筆記的最佳方向，把現在要寫的內容，歸因到需要的「核心任務筆記」中，但這樣還不夠，我們還可以針對任務成果來追問三種問題。

問題一：為誰為何而做？

> 追問一下這件事情是要爲誰滿足什麼目的，這不只是時間管理的關鍵步驟，也是寫筆記的關鍵步驟。筆記最終也依然是要爲某些人創造某些價值目的。

例如你可能常常在工作上接到這樣的交辦：「請下個禮拜五交一份 A 產品報告」，這時候你可能開始把這件事情排上行事曆或待辦清單，或是寫成一則任務筆記開始整理資料，這些步驟雖然都不算錯，但如果要讓這件事情完成得更好，其實我們真正要做的步驟應該是：「追問對方需要什麼樣的 A 產品報告？是要給誰看的報告？」

只要記下對方跟我說了什麼的筆記，頂多就是把對方說的做出來而已，但這樣的工作成果往往難以讓你被看見，也難以爲自己創造產值。更何況，你確定對方真的都說出來、說清楚了嗎？還是對方其實遺漏了很多關鍵資訊沒有跟你說？甚至對方也有可能還沒搞清楚某些關鍵細節？

「下個禮拜五交一份 Ａ 產品報告」，有可能是給老闆看的報告，也有可能是給客戶看的報告，也有可能是主管自己確認的報告而已，有可能老闆想要看到未來展望，有可能客戶想要看到訂購動機，有可能主管想要看到成本數據。發現了嗎？這都是做一份 Ａ 產品報告，但如果我們沒有確認清楚「為誰為何而做？」，只會花了時間卻沒有產出真正的價值。

這時候，核心任務筆記就要發揮作用，在筆記中寫下最應該要追問的關鍵問題，這個資訊、這件事情、這份資料到底「為誰為何而做？」

問題二：如何量化成果？

如果追問出目的後，別忘了進一步確認看看目的的「精確性」。我們的時間有限，但我們常常在很多模糊的事情中消耗掉大多數時間，而防彈筆記要幫你釐清這樣的模糊地帶。

我們可以用三種「量化成果」的角度去確認目的的精確性：

🔗 **時間成果**

🔗 **數量成果**

🔗 **特殊成果**

　　問問看這個目的有沒有要求的時間，例如一定要下禮拜五之前完成報告。這個目的有沒有明確的數量要求，例如老闆期望看到起碼一個可以創造多少收益的行銷計畫。這個目的有沒有特殊成果要求，例如我們需要在報告中跟老闆爭取一筆未來行銷預算。

　　這些事情，我們在執行任務的時候真的搞清楚了嗎？搞不清楚也沒關係，因為這本來就是腦袋想不清楚、討論更容易發散的，所以我們需要的是老老實實寫下一則「核心任務筆記」，並且把這些問題寫下來，白紙黑字的確認答案即可。

問題三：有何阻礙限制？

　　為什麼計劃往往趕不上變化？為什麼被交辦一件事情後，總是有層出不窮的意外？有時候，變化、意外就是臨時出現的。但也很多時候，我們應該想一想自己在計畫一開始、被交辦的當下，真的有想過一輪可能發生的變化與意外嗎？如果沒有，那這是變化、意外太多，還是我沒有想到本來就容易發生的變化與意外？

　　所以我們也應該要在筆記中，針對任務成果目的去追問有沒有可能遇到什麼阻礙限制？

📎 **準備的阻礙**

📎 **執行的阻礙**

📎 **結案的阻礙**

「準備的阻礙」例如像是報告的所有資料都在我手上嗎？如果不是，我要跟誰要？「執行的阻礙」就像是如果設計不出新的行銷計畫，有沒有備案？「結案的阻礙」就像是有沒有可能老闆忽然要我們口頭報告？或是老闆突然提前要這份資料？

同樣把這些阻礙寫下「核心任務筆記」中，這時候我們的這則任務筆記就會多出更重要的東西：我的思考、我的疑問、我需要解決的問題，而不只是對方跟我說的資訊，那麼這則重新輸出的筆記，就會往產出更高價值的筆記邁進一大步。

如果延續前一個單元的模擬案例，同樣案例加上對「任務成果」的三個追問，有可能會變成下面這樣的核心任務筆記。這樣的「核心任務筆記」就不只是把別人交代我的事情處理好而已，而是可以更大程度的去避免執行這個任務的風險，並且完成對方心中真正想要的期待。

任務成果：下週要準時、準確的完成 A 產品的生產

- [ ] 打電話給工廠, 請她下週一提供給我樣品, 確認顏色正確
  - 主管說生產工廠有時候會有顏色偏差
- [ ] 打電話給工廠, 確認下周可以把A產品完成並出貨
- [ ] 跟業務確認A產品還有130組可以另外購買
- [ ] 寫信詢問國際快遞到香港的時間, 費用
  - 客戶要送給香港客戶 130 組產品, 但需要兩周內寄到

- 問題一：為誰為何而做？
  - 客戶需要產品的目的是什麼？如果來不及有沒有其他可能方案？

- 問題二：如何量化成果？
  - 所有客戶需求加起來, 需要產出多少 A 產品？目前生產量夠嗎？
  - 主管在意的顏色偏差是什麼情況？有沒有具體案例對照？

- 問題三：有何阻礙限制？
  - 如果 A 產品延遲, 快遞有沒有最短寄送時間？
  - 如果 A 產品數量不夠, 有沒有哪些訂單可以先暫緩出貨？

✏️ 關於我的行動，三種關鍵行動

有了前面關於任務成果的三個提問，那麼現在我們可以更容易的拆解出核心任務筆記中的關鍵行動了。

從前面提出來的成果與問題出發，我們可以設計三種行動去達成成果、解決問題：

📎 **拆解下一步行動**

📎 **插入可測試行動**

📎 **列出完成必要行動**

「拆解下一步行動」的意思是從前面的問題點，以及要達成的成果出發，列出立即可行的下一步行動。例如香港客戶要買 130 組產品的目的是什麼呢（說不定這 130 組產品中只有部分是馬上需要）？知道目的後有沒有可能出現一些更節省成本、更有彈性的替代方案呢？列出這樣的問題後，我可以採取的下一步行動就是「先寫信問香港客戶需要產品的目的」，後面要怎麼做還不知道，但這是我立刻可做的一步行動。

「插入可測試行動」的意思是為了達成任務成果，並且確保我和客戶想的是一致的，我嘗試插入一些行動去跟對方提前確認。例如主管很在意 A 產品的顏色正確，我除了自己看打樣確認顏色，要不要採取一步行動是「把樣品拿給主管確認顏

色」，這樣確保我跟主管對顏色正確的認知是一致的。

如果簡化來說，就是根據我們在筆記中設定的任務成果，以及列出的問題點，去對應拆解出要採取的行動。這樣一來，就會產出一則真正可以創造高價值輸出的核心任務筆記。

任務成果：下週要準時、準確的完成 A 產品的生產

☐ ~~寫信問香港客戶需要產品的目的, 先詢問是否有來不及的替代方案~~

☐ 打電話給工廠, 請她下週一提供給我樣品, 確認顏色正確

    ◦ 主管說生產工廠有時候會有顏色偏差

☐ ~~到時候把樣品給主管一起確認顏色正確~~

☐ 打電話給工廠, 確認下周可以把A產品完成並出貨

✎ 一張輸出式任務筆記，四種防彈等級

本書〈2-3 打造永久型任務筆記〉提到：「有力量的筆記，應該可以獨立、完整完成一個任務，並且持續更新，聚焦有價值成果。」而一則有力量的筆記，就是能夠把雜訊輸出成高價值任務的筆記。

前面幾個單元，主要聚焦在要把各種碎片資訊統整到核心任務筆記，在核心任務筆記中演化，但這個「演化」步驟，終於在這個單元中揭曉其關鍵的執行步驟，利用幾個層次的轉化：

✑ **先集中、處理**

✑ **確認任務成果，把資訊轉化成我要做的行動**

✑ **進一步追問任務成果中的三個關鍵問題**

✑ **從問題拆解中三種關鍵行動**

於是，現在我們的一則「核心任務筆記」包含了要創造什麼有價值的成果？可能會遭遇什麼問題？以及現在的我可以趕快採取什麼有效行動。這才是防彈筆記最終要達到的目的，這樣的筆記也才能真正保護我們的生產力。

讓我們最後用四種「防彈等級」為這個單元做收尾，你可以確認看看自己目前的筆記系統在哪一個等級，然後嘗試往下一個等級邁進。

防彈等級 1：直接行動，但過程混亂

只是雜亂的待辦清單、分散的筆記，常常做事漏東漏西，搞不清楚優先順序。這時候建議開始練習「問任務成果是什麼？我要採取什麼行動？」的步驟。

防彈等級 2：可以確認成果的輕重緩急

開始可以形成核心任務筆記，以任務為單位，把資訊轉化成我需要採取的行動了，於是也可以看出任務與行動的輕重緩急，可是有時對方或自己還是不滿意任務成果。這時候建議開始練習「問關於任務成果的三個關鍵問題」。

防彈等級 3：可以提前發現目標與流程問題

現在不只可以搞定輕重緩急，也開始能發現任務真正的價值所在，並且提前看到更多風險與不確定性，於是做任務更安心，但事情一多還是容易拖延或遺漏。這時候建議開始練習「拆解關於問題的三種關鍵行動」。

防彈等級 4：可以採取有價值行動

防彈筆記最終的目的，不是要你變成一個資料整理大師，而

是要幫助我們成為「完成有價值任務」的大師。

「核心任務筆記」拆解得再好，最終依然需要從有效的下一步行動，一步一步往前推進，所以最後筆記的關鍵其實在於如何行動。

我們在筆記中真正值得反覆練習的不是整理資料，而是問問題、拆解行動，並且把這些思考寫進筆記中，最終我們才能達到防彈系統的最後一個等級，真正幫助我們在工作、生活、學習中推進有價值的行動。

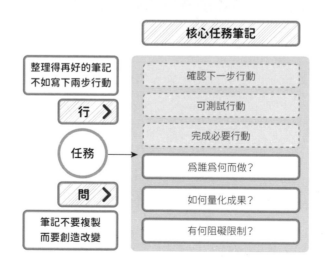

3-3

簡單、精準的
防彈筆記結構

目標成果	掌握任務筆記單位，搜尋筆記取代整理
要解決 什麼問題	不知道一個任務成果的單位是什麼？ 沒有時間整理？總是要花很多時間分類？
下一步 行動	☐ 練習把自己的工作需求設定成幾個任務成果 ☐ 在一個禮拜內嘗試搜尋找到任務筆記 ☐ 練習搜尋任務筆記，並補充新資訊
下一步 連結	・簡單精準的整理原則：〈1-2 防彈筆記，解決哪些關鍵問題？〉 ・搜尋就能找到筆記：〈2-2 保持動態演化筆記〉 ・根據任務執行邏輯整理：〈2-1 建立核心任務筆記〉 ・從任務而非行動出發：〈3-7 建立有效的每日行動清單筆記〉

✎ 如何區分一個任務筆記單位？

本書前半部針對防彈筆記的「核心任務筆記」已經做了非常深入的分析，前面兩個單元也說明了怎麼把雜訊、資料「轉化輸出」成真正有價值的筆記內容。但這時候很可能遇到一個關鍵的問題：「那麼要如何區分一個任務的單位？」之前我們都是先用比較籠統的方式說「一個任務成果」是一個筆記單位，但這個任務成果要怎麼設定呢？

下面我們就從幾種問題情況，來看看如何辨識出有效的任務單位，打造我們的「核心任務筆記」。

問題一：誤把事件當作任務

每次會議建立一個任務，每天累積事情的待辦清單，看起來好像是「很自然」的時間管理流程，但任務的單位是「一次會議」或是「一日清單」嗎？在某一次的會議中，或許討論了線上課程的宣傳方案，也提到了一個網站文章系列，又討論了某個公司行政流程的修改，如果以「一次會議」為任務單位，這則筆記理不就包含了許多不相關的雜亂資料嗎？而且這些行動的完成時間、優先順序，真的可以用「一次會議」為任務單位來推進與規劃嗎？

這時候的「任務單位」相對容易確認，既然不是「一次會議」為單位，那就是以「背後要交付的成果」為單位。例如「完成線上課程」、「撰寫網站系列文章」、「公司完整行政流程」，這三個我要交付的成果，才是真正的任務單位。

正確的「任務單位」，可以幫助我們把那些「一定是隨機、雜亂出現的行動」，透過任務單位的定位，「找回他們真正的使用順序」。多年來我協助看過許多朋友的時間管理系統，當覺得面臨雜事很多、事情記了卻還是忘了做、忙碌卻往往瞎忙，很有可能都是在一開始的「任務單位」就弄錯。

問題二：誤把行動當作任務

當我們開始以「要交付的成果」為任務單位時，會遇到下一個層次的課題，到底成果應該多大？怎麼切分？例如難道整個人生當作一個任務來處理嗎？或是今天下班的採買清單當作一個任務來處理？當然，上述兩種切分都不好，一個太大太模糊，一個太小沒價值。如果避免這樣的問題？讓我們接著分析。

接著，我們可能把一些看起來有點難度，也不是 10 分鐘可輕易完成的事情當作任務，例如「研究數位筆記範本」、「研究線上課程市場」，但是這些事情有個問題，那就是他們完成後並不能創造出什麼具體有效益的成果。

我們的工作、生活中，有很多看似任務的事情，其實很有可能都只是要完成某個具體有效益的成果的「過程」，這些過程中很多更有可能只是過場，如果沒有找對焦點，不僅管理起來混亂，更有可能落入太多行動卻太少成果的陷阱。

行動過程當然很重要，但真正的任務單位應該是「要完成某個具體有效益的成果」，而行動過程在這個任務單位中進行拆解、管理、紀錄、覆盤而已。例如上述案例，可能「建構數位筆記術線上課程」，才是最終成果，也才是核心任務筆記單位，而「研究數位筆記範本」、「研究線上課程市場」是這則筆記中要採取的兩個行動。

正確的「任務單位」，可以幫助我們把「幾乎看起來都很重要、都有價值」的事情，真正區分出輕重緩急，因為只有以「有效益的最終成果」來聚焦，我們才能從為什麼做這件事？做了對最終成果的影響有多大？來區分出輕重緩急。

很多時候當有朋友問我，工作上每件事情看起來都很重要，怎麼可能區分輕重緩急時？如果我有機會檢視他的時間管理系統，往往就會發現，他的任務單位只是「要完成的事情」，而不是「要完成的成果」。於是我們當然不可能去判斷「研究數位筆記範本」、「研究線上課程市場」哪個重要，或是看起來都重要，但從上述任務成果為單位的角度來看，其實都沒那麼重要。

問題三：誤把工作流程當作任務成果

　　以「要完成某個具體有效益的成果」為任務單位，接著我們還可能遇到一個模糊地帶，讓我們不知道應該怎麼分辨任務單位才好。這往往出現在面對的是一個比較龐大的專案時，下面是有位讀者詢問我的問題，她上完我的「筆記課程」，也想拆解出自己的任務系統，他面對的是一個「經營長期日租套房」的專案，於是他先拆解出兩個任務：

1. 租房任務

　　· 裡面列出清單，包含如何宣傳找到租客，如何簽約，如何完成房間交付等等。

2. 退房任務

　　· 裡面也列出清單，包含如何處理退房整理、如何管理房客匯款，如何管理房客變動等等。

　　可是當他拆解到這個階段，發現似乎是看到這個專案的工作流程了（租房流程、退房流程），但是當要管理多個日租房間時，還是感覺事情與資料愈來愈混亂，不知道要放在哪裡。

　　我是這樣回答讀者的，他目前的管理系統，看起來是為「經營長期日租套房」建立了一個基本工作流程範本，但是，這些工作流程真正要管理、要達成的成果是什麼呢？應該是「每個

房間保持品質、保持有租客、保持有持續收入」。

所以如果我來建立這樣的專案管理系統，我的拆解就會是以「擁有的日租房間」為任務單位，於是一個任務單位變成「A房間成效管理」，筆記內容則是：

1. A 房間成效管理（核心任務筆記）
- 租房流程（使用上述範本）
- 退房流程（使用上述範本）
- 目前租客管理
- 特殊事項管理

整理的核心在「房間」這個可以真正創造效益的成果上。當這樣一翻轉，你就會發現：

📎 **要做時間提醒？當然是以房間為單位來提醒**

📎 **要添加變動資料？當然就看這個資料屬於哪個房間**

📎 **流程上要因應情況做調整？那還是以每個房間為單位來調整**

📎 **要知道下一步該做什麼？當然是以有效益的房間為單位來看**

這樣一來，起碼大多數情況下，我們會非常明確的知道要在哪裡更新、要在哪裡調整，以及要去哪裡找到下一步行動。

問題四：沒有為自己主動設計任務成果

有時候專案太大，或是事情太雜，都可能讓我們的筆記系統不知不覺回到管理雜事的邏輯上。例如：「記得下次申請費用時要多填一個授權欄位」，這是一個雜事，可能我們工作上有很多這樣雜亂的行政流程，但如果我們建立一個任務成果是「高效率完成公司完整行政流程」，那麼我們就開始翻轉自己的管理邏輯，不再只是做雜事，而是從更高的層次思考一個有效益的成果：「如何更有效率、減少多餘步驟、應用有效工具把雜事更快完成」。

當面對大型專案時，這也是一個很關鍵的設計邏輯，之前有讀者寫信問我，他拆解出一個專案流程，目標是「做好大樓影音管理」，一開始讀者為這個專案拆解出幾個任務單位：

1. 提升使用者借用設備的方便性
2. 降低使用者操作的困難度
3. 增加使用者學習設備的便利性
4. 提升各音響視訊設備的妥善率
5. 增加使用者與管理者溝通的效率

這些任務單位不能說不好，但有點太大太空泛。我們應該做的是「主動設計成果，然後才能以成果為單位」。

以上述的「做好大樓影音管理」為例，我會建議用下面的任務單位來推進：

1. 製作 Line@ 官方帳號（或社群），以提供硬體溝通、借用、回報、教學平台（一則核心任務筆記來推進行動）

2. 拍攝各場地音響視訊使用教學影片（一則核心任務筆記來推進每種音響設備教學影片的製作行動）

3. 小中大教室的音響視訊規格化、數位化改善工程（一則核心任務筆記來推進行動）

4. 音響設備定期保養（一則核心任務筆記來推進行動）

這樣的任務單位拆解，或許不是最好的，但一定會比原本的規劃好，因為任務單位是明確可以創造某些成果與價值的單位。

✎ 簡單、精準，搜尋就能找到任務筆記

我常常說，如果使用數位筆記工具（具備搜尋關鍵字功能），當我們的防彈筆記系統建立起一則一則的「核心任務筆記」後，假設需求只是要找到資料，那麼幾乎不用去做額外的整理，搜尋就能找到。

意思是不用去做額外的分類，不用去做很複雜的標籤設計，不用去管理什麼資料庫，真的搜尋就能找到筆記、資料與所有你需要的東西。這就是我強調的防彈筆記「簡單」、「精準」的特性。簡單到不需整理，精準到這樣還是能找到資料。

本書〈1-2 防彈筆記，解決哪些關鍵問題？〉提到：「在「防彈筆記法」的工作流程中，我們要保護的不是那些資料，而是要保護自己的生產力，所以某個程度上防彈筆記要反其道而行，不希望我們花太多時間去整理資料，更不希望我們過度的研究資料的分類整理技巧。」

為什麼可以這麼有信心？真的搜尋就能找到嗎？可是我們以前好像也曾經用數位筆記寫了很多筆記，但後來筆記一多，往往搜尋都找不到啊？

> 很簡單，之前搜尋筆記找不到的原因，是因為我們的筆記不是「核心任務筆記」，如果是雜亂資料筆記那就找不到，但如果是核心任務筆記就可以用任務關鍵字搜尋找到，而找到後行動、資料就在筆記中。

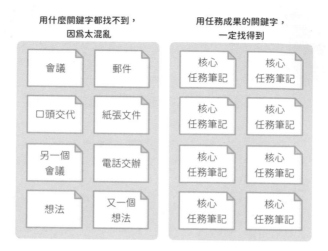

而當你的一則「核心任務筆記」是那些碎片資料、臨時交辦、各種思考想法，都已經整合在核心任務筆記中，那麼找到核心任務筆記，裡面的行動拆解自然就能幫助你找到資料。

我們可以建立一個簡單的邏輯，當確立核心任務筆記後，在筆記標題定義「任務的明確關鍵字」，以後用這些明確關鍵字來搜尋找到筆記即可。而明確任務關鍵字有兩種：

✎ **任務的專有名詞**：任務、專案的名稱關鍵字。

✎ **利害關係人的專有名詞**：客戶、客戶公司、老闆主管的名稱。

> 只要核心任務筆記標題有這兩種關鍵字，之後搜尋時，也要把握住搜尋核心任務筆記，而非搜尋資料的原則，就算你的數位筆記系統有上萬則筆記，一樣找得到。

讓我們用一個練習來測試看看，我製作了一個「高效能職場筆記法」的線上課程，為了這個線上課程我需要設計很多「筆記範本」，為了要設計筆記範本而開了很多次「會議」，某次會議中我們畫了一張筆記範本製作「流程圖」。過了一段時間，有同事來跟我要那張流程圖的資料，我要從數位筆記系統中找出來給她。

請問，現在我的數位筆記系統有上萬則筆記，我應該搜尋「流程圖」、「會議」、「筆記範本」、「高效能職場筆記法」哪個關鍵字，來找到需要的資料呢？

答案是我會搜尋「高效能職場筆記法」，因為我先找到核心任務筆記，根據防彈筆記法的整理邏輯，製作筆記範本過程中某次會議討論的流程圖，就在這則筆記相應的步驟中。

你答對了嗎？這就是用關鍵字就能搜尋到任務筆記，從而找到資料，那麼也就不需要分類整理的邏輯。

核心任務筆記：高效能職場筆記法

- 目標設定
  - XXXXXX
- 要解決的問題
  - XXXXXX
- 階段性成果
  - XXXXXX
- 製作每節課的演練筆記：
  - （Evernote 筆記範本檔案）
  - （Notion 筆記範本檔案）
  - （紙本筆記範本檔案）
  - 會議討論的流程圖

本書在〈2-2 保持動態演化筆記〉提到：「例如看完書籍的心得、讀完一篇文章的想法、自己寫完的文章，或是完成某個任務後的經驗記錄，實作過某個企劃後的經驗筆記，可以統一丟在一個「封存區」的記事本，以後需要這些知識、經驗時，搜尋關鍵字找回來即可。不用擔心搜尋找不回來，如果你有加

入「我的改寫」，通常裡面就包含了我們需要的關鍵字，這時候搜尋找到是最快最好的方式（針對數位工具來説）。」

而最好的改寫，就是建立我們的核心任務筆記，讓裡面包含明確的任務關鍵字，代表我們要完成的任務成果，這就是最好的整理系統，也是搜尋就能找到的系統。

✎ 根據任務的行動流程整理任務資料

在〈2-1 建立核心任務筆記〉中我們提到：「一個任務一則筆記，打造三個穩固系統的基礎」，這三個基礎分別是：

🖇 一個任務的行動、資料、碎片，都應該在一則任務筆記中，而非分散成很多筆記。

🖇 資料不是根據資料邏輯整理，而是根據一個任務的執行邏輯整理。

🖇 完成任務成果，才有意義。而整理筆記或資料本身，則通常沒有意義。

那麼什麼是「資料不是根據資料邏輯整理，而是根據一個任務的執行邏輯整理」呢？下面我們就來展開一則「核心任務筆記」之內，那些碎片資料最好的整理流程。

我記得有一次和作者開會，我們討論到書中的一個新想法，

我當下建議作者可以「把這個新想法，立刻寫在未來要寫的那個章節的最後。」例如作者假設已經開設了每個章節的文件，現在就把這個新想法補充到那章節的文件中。假如作者只是寫了一份章節大綱，那就在大綱中該的某章節下方補上這個想法。我跟作者說：「這樣你就不用記得有這個想法，只要等到寫到那個章節，自然而然就會在你的大綱、文件中的該位置，看到這次討論出現的新想法，也就不會漏掉了。」

這就是「根據任務的執行邏輯」來整理你的筆記。

根據資料類型？獲得時間？還是行動順序分類？

說到資料整理，我在資料整理相關課程中常常會問學員，如果我手邊有一大堆資料，會打算如何分類整理呢？有三個選項：

- 📎 **根據資料類型整理（例如會議記錄、客戶資料個別分類等等）**
- 📎 **根據獲得資料的時間整理（反正就是丟上去，節省時間）**
- 📎 **根據任務的下一步行動，決定資料哪個流程步驟要用，就這樣來整理**

這時候，大多數人會選擇第一或第二個答案，第一個答案很直覺，第二個答案很省事，但第三個答案才是資料整理的最佳

解答（或者，起碼針對個人生產力的資料整理來看）。

在〈1-2 防彈筆記，解決哪些關鍵問題？〉就有提到：「我們是否為了資料而整理資料，如果是，那麼或許我們已經陷入在資料整理迷宮中。」第一個答案的問題在於，資料是什麼不重要，資料要如何解決任務的問題才重要，只是根據資料類型整理，最後只是一堆無法使用卻耗費時間整理的資料庫而已。第二個答案的問題在於，資料出現的時間絕對不是執行的時間，亂丟的資料最後依然是無法使用的資料。

而第三個答案，才會展現出下圖這樣的筆記結果。（可搭配〈2-1 建立核心任務筆記〉參照閱讀）

封面文案設計：防彈筆記法

☐ 整理封面草稿
☐ 寫出封面主圖概念
☐ 和作者、設計師開會討論封面設計想法

　　📝 封面文案給設計師：防彈筆記法 ⌃

☐ 提供設計師設計
☐ 給設計師報價

- 接案人姓名：XXX
- 書號：2AB964
- 書名：防彈筆記法
- 工作內容：封面設計。包含：全書封面、書腰
- 請款金額：共計XXXXX元

☐ 邀請推薦人名單
☐ 設定書腰

- 150g銅西卡
- 不上光
- 5cm高

防彈筆記的目的很簡單，就是要完成某一個任務。要完成某一個任務的邏輯也很簡單，就是依序採取下一步行動。

為什麼我們難以做到用行動排序？可以如何改進？

那麼，既然「根據下一步行動清單排序資料」會更好，為什麼實際上我們不容易這樣做？這也是有原因的，也是我們要突

破的「核心任務筆記」最後一層關卡。簡單來說，寫筆記時我們遭遇的最大問題是：「其實我們往往忘記去想想，自己到底要如何執行任務！」

是的！我們太容易陷入只是記錄的思維，卻忘了筆記一定是任務執行的筆記，忘了要從任務如何執行去思考。所以，前面的〈3-1 防彈第一步：集中處理〉和〈3-2 三個問題、三種行動轉化筆記〉正是要解決這樣的問題。

> 透過「集中處理」、「三個任務成果問題」、「三個行動拆解技巧」，幫助我們的核心任務筆記中有行動流程，這樣資料才知道要放入哪一個行動步驟中。

請問大家，下面這樣一則筆記，如果我現在收到香港客戶來信說明她的目的，我收到工廠提供一個看樣品的地址，我收到快遞提供的報價文件檔案，我知不知道這些資料應該放入這則筆記中的哪個位置？我能不能看到哪個行動需要他們？應該可以，那這樣就知道資料怎麼整理了！

任務成果：下週要準時、準確的完成 A 產品的生產

☐ 寫信問香港客戶需要產品的目的, 先詢問是否有來不及的替代方案

☐ 打電話給工廠, 請她下週一提供給我樣品, 確認顏色正確

- 主管說生產工廠有時候會有顏色偏差
- 到時候把樣品給主管一起確認顏色正確

☐ 打電話給工廠, 確認下周可以把A產品完成並出貨

☐ 跟業務確認A產品還有130組可以另外購買

☐ 寫信詢問國際快遞到香港的時間, 費用

- 客戶要送給香港客戶 130 組產品, 但需要兩周內寄到

• 問題一：為誰為何而做？

- 客戶需要產品的目的是什麼？如果來不及有沒有其他可能方案？

• 問題二：如何量化成果？

- 所有客戶需求加起來, 需要產出多少 A 產品？目前生產量夠嗎？
- 主管在意的顏色偏差是什麼情況？有沒有具體案例對照？

• 問題三：有何阻礙限制？

- 如果 A 產品延遲, 快遞有沒有最短寄送時間？
- 如果 A 產品數量不夠, 有沒有哪些訂單可以先暫緩出貨？

3-4

由下而上
建立目標筆記

目標成果	用最簡單架構,打造可以彈性修改的專案筆記
要解決什麼問題	專案計畫總是會一直修改怎麼辦? 我沒辦法一次做好目標規劃怎麼辦? 什麼樣的架構方便慢慢累積修改出目標?
下一步行動	☐ 利用大綱列出你目前某個目標的想法與行動 ☐ 保持大綱結構,隨時補充、修改對目標的新規劃
下一步連結	・不只是完成工作,而是創造價值:〈1-1 防彈筆記,如何改變生產力〉 ・從想法累積出目標:〈2-2 保持動態演化筆記〉 ・讓目標不枯萎的筆記:〈2-3 打造永久型任務筆記〉 ・用專案目錄以少馭多:〈4-3 利用連結,建立減少摩擦力的筆記系統〉

我們常常想要花很多時間去打造自己的工作系統，但是就算我們把工作系統整理好了，當專案一直變動時，要如何在自己的系統中修改調整呢？是不是要花很多時間去整理，結果反而變成一直在規畫專案、設計目標，結果真正的執行卻付之闕如。

這個問題，其實帶出了一個更根本與現實的問題：專案的計畫、任務的整理，不可能是一次性就完成的，甚至永遠不會有真正意義上的完成，我們的工作系統本來就會一直處在一個變動的狀態。

在〈2-2 保持動態演化筆記〉中提到：「防彈筆記的撰寫中心是核心任務筆記，為什麼不是一開始就寫專案筆記呢？因為目標往往由下而上累積出來會更有效果、更容易實踐、解決真正的問題。」

那麼，什麼樣的工作系統，會適合應付這樣不斷變動的狀態，並且在變動的過程當中可以很方便地進行調整，又不會遺漏變動的細節呢？關鍵在於「架構愈簡單，整理愈簡單」。

對於個人執行專案、目標的工作系統來說,最需要看到與管理的無非是「優先次序」與「下一步行動清單」而已,如果系統能夠最簡單的排出優先次序與行動清單,那麼我們變動時要管理也更加容易。反而是安排了過度的時間表、過多的進度規劃、過多的資料整理格式,要變動時更加難上加難,因為牽一髮就要動全身。

尤其如果我們規劃拆解專案、目標時喜歡由上而下的拆解,也就是在專案還沒真正開始做,就把專案的系統都建立好,這樣反而在真正執行專案時要花更多時間重新調整。所以我建議,不如把握住防彈筆記法的「核心任務筆記」,由下而上的修改調整自己的專案目標筆記。

✎ 架構愈簡單,整理愈簡單

首先,讓我們快速回顧一下防彈筆記架構工作系統的重點方法。

「一個任務,一則筆記。一個專案,一則筆記。」簡單的幾句口訣,代表一個任務的所有碎片,都集中在一則任務筆記中管理。也代表一個大型專案或目標的所有細節,都連結到一則專案目錄筆記中管理。

163

而任務、專案筆記中最好的排序，就是優先次序與行動清單。當然，這些任務碎片、筆記連結進入專案、目標筆記後，不是隨便亂放，但也不需要很複雜的架構整理，在一則專案目標筆記中，我只要把握下面的整理原則而已：

🔖 **排出優先次序**

🔖 **排出下一步行動清單**

　　這樣的架構，就只需要一個大綱結構，例如下面的筆記範例中，我透過大綱逐步累積對目標、問題的想法，也把發現要做的待辦清單逐步列上，後續相關的資料當然也是整合到這則筆記，並安插到需要的行動之後。這樣一則目標管理筆記，有了優先次序、有了行動清單，已經足以推進目標。

　　也因為只是一個排序大綱，所以調整起來很方便，任何使用補充資料、調整順序都不需要進行大架構的改動。

(新書目標) 防彈筆記法

- 書名
  - 防彈筆記法：簡單輸出式筆記架構, 保護高產出、高效能心流

- 目標
  - 如何應付別人的子彈攻擊，在別人攻擊下，不影響自己的工作流程與效率。

- 目標讀者
  - 不會做計劃，想到要規劃目標就頭痛，不知道未來到底要什麼的朋友，從寫筆記開始，去建立可以逐步成長的防彈筆記系統。
  - 寫了很多反省日記，但真正對未來目標有幫助的卻很少的朋友，練習真正有效覆盤的防彈筆記技巧。

- 要解決的問題
  - 獨家活動：限量牌卡
    - ☐ 設計牌卡
    - ☐ 行政流程
    - ☐ 印刷牌卡
  - 設計線上讀書會
    - ☐ 安排日期
    - ☐ 設定報名網頁
    - ☐ 設計書內宣傳
  - 其他行政流程

✎ 當目標、任務需要變動補充時怎麼做？

筆記本來就要一直變動修改，如同〈2-3 打造永久型任務筆記〉所說：「很多時候我們以為目標任務筆記是建立第一時間就完成規劃，就定型了，然後接下來就是照著做而已。但真實的情況往往並非如果，反而是想要建立第一時間就規劃定型的目標筆記，最後往往反而成為失敗的、拖延的，慢慢置之不理的「枯萎筆記」。」

在這樣簡單的「大綱排序架構」中，遇到事情有各種變動時，可以怎麼調整呢？就讓我舉一些例子。

例如目標中某些事情完成了，不再需要優先看到，只要調整順序到後面的封存大綱即可。

(新書目標) 防彈筆記法

- 書名
  - 防彈筆記法：簡單輸出式筆記架構，保護高產出、高效能心流
- 目標
  - 如何應付別人的子彈攻擊，在別人攻擊下，不影響自己的工作流程與效率。

- 目標讀者
  - 不會做計劃,想到要規劃目標就頭痛,不知道未來到底要什麼的朋友,從寫筆記開始,去建立可以逐步成長的防彈筆記系統。
  - 寫了很多反省日記,但真正對未來目標有幫助的卻很少的朋友,練習真正有效覆盤的防彈筆記技巧。
- 要解決的問題
  - [ ] 設計線上讀書會
    - [ ] 安排日期
    - [ ] 設定報名網頁
    - [ ] 設計書內宣傳
  - [ ] 其他行政流程
  - [x] ~~獨家活動:限量牌卡~~
    - [x] ~~設計牌卡~~
    - [x] ~~行政流程~~ ← **某些進度完成後如果不再優先移動到大綱後面即可**
    - [x] ~~印刷牌卡~~

如過目標筆記中的某些事情後來暫時取消了,也可以把這件事情移動到大綱下方的封存區,備而不用。如果目標筆記中有些事情決定不要做,也可以畫一條刪除線代表事情決定不做。

(新書目標)防彈筆記法

- 書名
  - 防彈筆記法：簡單輸出式筆記架構，保護高產出、高效能心流
- 目標
  - 如何應付別人的子彈攻擊，在別人攻擊下，不影響自己的工作流程與效率。
- 目標讀者
  - 不會做計劃，想到要規劃目標就頭痛，不知道未來到底要什麼的朋友，從寫筆記開始，去建立可以逐步成長的防彈筆記系統。
  - ~~寫了很多反省日記，但真正對未來目標有幫助的卻很少的朋友，練習真正有效覆盤的防彈筆記技巧。~~

    決定不做，畫上刪除線

- 要解決的問題
  - ☐ 其他行政流程
  - ☑ 獨家活動：限量牌卡
    - ☑ 設計牌卡
    - ☑ 行政流程
    - ☑ 印刷牌卡
- 暫時不做
  - ☐ 設計線上讀書會
    - ☐ 安排日期

      取消暫緩，先移動到後方封存大綱

    - ☐ 設定報名網頁
    - ☐ 設計書內宣傳

一個專案目標一定隨時會插入了新的事情，這時候也只要插入在大綱中要執行的順序位置即可，或者在需要的行動之後加上註記與想法。如果插入新的事情後，改變了目標的執行順序，那就隨時調整大綱順序即可。

✎ 逐步補充、容易調整，才能建立好的目標筆記

> 目標專案筆記的架構關鍵在：複雜的表格、架構，如果可以不做，我就盡量不做，尤其不要為了看起來美觀或整齊而做，更不要只是為了整理資料而做。

一旦我的專案變成複雜的表格架構，我在調整時勢必就要花更多時間去調整參數，調整位置時會牽連更多改動，於是改動系統的時候往往也要花上很多時間，甚至變得難以隨時調整。

而架構簡單的大綱，根據優先順序、行動順序排序，修改起來很容易

📎 在筆記大綱中，可以隨時調整，只要複製貼上，插入到大綱需要的位置，或是前後移動即可。

📎 這樣反而可以保持變動的彈性，隨時變動都能立即修改。

📎 而大綱順序是行動順序，也就已經是專案需要的執行順序了。

一件事情再大，真正要解決的還是優先次序與行動清單的問題而已。簡單的架構，不需要花很多時間在資料層做管理，也不需要複雜的系統讓資料呈現漂亮的狀態，只要有行動順序，目標就已經能很好的推進。

就像〈1-1 防彈筆記，如何改變生產力〉不斷強調的：「希望能更進一步提升自己的價值，讓自己不只是完成工作，而是創造可以幫助更多人、獲得更多收益的工作成果。」一份大綱，聚焦自己完成完成成果的優先次序，已經足夠。

防彈筆記法聚焦的是個人工作系統的建立，如果是團隊的、公司層級的專案建立，那麼上面的方法自然還不夠。不過反過來說，個人的工作系統，用簡單架構，節省自己的整理時間，也讓變動時節省調整時間，執行時也還是能確保不遺漏，那麼這樣的系統就是有效的。

3-5

打造內在循環的
覆盤筆記

目標成果	透過在筆記中持續修正，打造個人知識覆盤系統
要解決什麼問題	檢視過去、覆盤經驗很難做到怎麼辦？ 如何避免重複犯錯？如何快速累積成長？ 如何找得到過去的參考經驗？
下一步行動	☐ 試試看先做再計畫的防彈筆記流程 ☐ 試試看先建立可以覆盤的任務筆記 ☐ 練習在執行過程直接於任務筆記覆盤
下一步連結	· 建立內在循環系統：〈1-1 防彈筆記，如何改變生產力〉 · 覆盤讓下一次做得更好：〈2-3 打造永久型任務筆記〉 · 先保護好生產力：〈4-1 為什麼要清空大腦與建立第二大腦？〉 · 先累積執行才有目標：〈5-1 防彈筆記如何設計累積型的年度目標〉 · 先有經驗反省才有目標：〈5-2 防彈筆記如何打造家庭目標〉

✎ 改造 PDCA，做的當下就是覆盤

　　防彈筆記法的目的是要幫助大家保護生產力，前面許多方法也提出了如何在混亂的工作流程、資料雜事中，幫助自己簡單、精準地建立起有效的管理系統。不過還有一個問題會造成大量的生產力流失，而且常常我們自己沒有發現，這個問題就是：忘記上次怎麼做、重複犯了一樣的錯，當我們每做一件事都是從頭開始、從零出發，而無法使用自己過去的經驗，那就等於之前累積的生產力完全無用，這是最大的浪費。

　　反過來說，我們都希望自己可以更有效率的工作，都希望可以節省時間、掌控時間，都希望自己能夠輕鬆解決工作問題。其實有一個最實際可行的解決辦法，就是：

善用經驗、持續改善，讓下一次比這一次做得更快更好。

　　有的朋友可能覺得這是要採用 PDCA 流程的意思（Plan-Do-Check-Act），但是防彈筆記法有點不一樣，承接前一單元〈3-4 由下而上建立目標筆記〉的方法，很多時候我們很難一次做出

完整計畫,很難第一次就做出最有效率行動,我們不是天才,一開始一定不是專家,所以要先做計劃然後檢核,老實説還都有點太遙遠。

「防彈筆記法」想要提出的做法是,其實我們是先有計畫才去做,還是沒有計畫只能先做了再説,都不是那麼重要!重要的是「做的當下有沒有寫好核心任務筆記」,一旦有,我們就等於同時做到 PDCA(Plan-Do-Check-Act)!

為什麼?讓我們看看用 PDCA 的架構,來對照之前防彈筆記法的幾個關鍵流程:

- Plan:分析一個「核心任務筆記」的成果與三種問題、三種行動,這就是最簡單但有效的計畫(〈3-2 三個問題、三種行動轉化筆記〉)

- Do:把執行過程的雜訊集中處理到「核心任務筆記」,就是最好的執行管理(〈3-1 防彈第一步:集中處理〉)

- Check:在執行過程就累積修正、調整目標到核心任務筆記、專案目標筆記,就是持續的覆盤(〈3-4 由下而上建立目標筆記〉)

- Act:行動的時候只要搜尋到任務、目標筆記,裡面累積、修正出來的流程架構,就是最安心穩定的行動

依靠（〈3-3 簡單、精準的防彈筆記結構〉）

　　但是你也發現，防彈筆記的順序比較不一樣，而且防彈筆記的流程不想要拆分得那麼複雜（還要計畫、執行、檢視、行動分成那麼多階段），但更能適應緊鑼密鼓、瞬息萬變的真實職場與人生流程：

📎 **先做集中處理（Do）**

📎 **用三個問題、三種行動拆解任務（有了 Do，才有基本 Plan）**

📎 **用簡單精準的防彈筆記結構，在執行中累積修正（持續 Do，也持續 Check）**

📎 **由下而上修正出真正有效的目標筆記（持續 Act，累積出真正的 Plan）**

　　防彈筆記先做「集中處理」，意思是先在真實的執行中把雜訊、資料、交辦累積到「核心任務筆記」，這更符合我們真實的需求，因為在工作、生活中往往不是等我們做好計畫才有事情做，而是在我們根本什麼都還沒準備時，就有許多的事情在意想不到的情況下來到我們身上，這就是防彈筆記法要抵禦的子彈，如果擋不住、接不住這些子彈，後面什麼生產力都不用談。

然後防彈筆記讓我們不需要被「先做計劃」這種很有壓力的思維壓垮，我們在筆記中用三個問題、三種行動拆解目前接收到的內容，這就是一個可以立刻開始執行的小計畫。

真正的「覆盤、檢視（Check）」是什麼呢？是在執行過程中持續打開核心任務筆記做確認、做修正、以行動邏輯補充新資料。這樣一來，一則核心任務筆記就會透過持續覆盤變成更強大的筆記。

最後，只要我們聚焦在核心任務筆記上持續覆盤，那麼這則筆記就會慢慢成為「永久型任務筆記」，乃至於「專案目標筆記」。

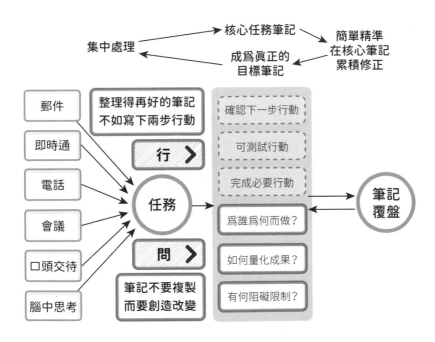

✎ 如何才能養成覆盤習慣？

可是或許你之前也曾經想要實踐看看 GTD 所說的每週檢視，或者也想要覆盤自己的專案、任務，但就是無從下手，這裡面到底出了什麼問題，又要如何養成習慣呢？

首先，最大的問題是要反省經驗就要先有經驗可以反省。但經驗不是做過就有，因為做過跟「記得自己做過什麼」是兩回事。就算我們想要檢核自己的任務，但是如果前面沒有對任務做好步驟紀錄，沒有把任務過程中產生的問題，跟自己的想法隨時筆記下來，那麼就算任務結束的時候想要做一個反省，基本上我們根本已經忘記了任務執行過程中的那些關鍵細節。

這時候可能要花非常非常多的時間去做回憶，如果反省的動作要花掉這麼多的時間，就會讓我們不願意去做這件事情。於是大多數任務，尤其龐大的專案，我們反而因此而抗拒覆盤。因為太花時間了，而實際上我們也找不回許多細節，所以變成花了時間，卻沒有真正改善效果。

然後就算我們願意花時間，但因為當任務接近完成的時候，很多細節沒有記錄已經遺失了，所以就算要做覆盤，往往也是一種很籠統的經驗反省。最後的結論不外乎：我應該要再更努力、應該要再更認真、應該要早一點做、下次應該更細心，等等其實沒有什麼具體意義的反省。

所以，先利用防彈筆記法做好「集中處理」吧！並且執行的過程練習「三個問題、三種行動」的思考，這些動作不只幫助我們把這個任務做好，更會幫助我們記錄未來可以用來覆盤的經驗。

具體來説，我認為真正要養成的不是覆盤的習慣，而是「有意識的筆記」習慣，意思是在執行任務時做好下面幾種內容的筆記：

🔖 我做了什麼行動

🔖 過程當中遭遇哪些問題點

🔖 一邊做一邊想到的改進想法

例如後面這則筆記範例，我們先建立起自己的核心任務筆記，一邊執行一邊發現有什麼下次需要改進、注意的細節，就一邊補充到這則核心任務筆記中。這樣一來，下次要做類似任務時，只要搜尋找回這則核心任務筆記，就能提取上次的關鍵經驗，這就是一個有效的覆盤循環了。

核心任務筆記：XXXXX 線上快閃讀書會

核心任務筆記，就是覆盤筆記

- 目標設定
  - 讓更多有需要的人知道這本書，並且可以做成未來分享的影片
- 要解決的問題：
  - 如何宣傳報名？

    一邊執行，一邊加入覆盤的想法

    - ☑ 製作報名網頁
      - 下次報名網頁最後要附註允許錄影說明
    - ☑ 作者宣傳
    - ☑ 電子報宣傳

    執行時發現問題，加入新行動到流程中

  - 如何提升報到率？
    - ☐ 參加者提供會後簡報或特殊資料
    - ☐ 提前課前提醒
  - 如何轉入書籍銷售？
  - 場地準備
    - ☑ 製作開場投影片
    - ☑ 設定網路設備
    - ☑ 製作開場音樂

✎ 覆盤系統如何整理？不需整理

> 一位工作者的效能高低，以及是否可以突破
> 效率瓶頸，「一套個人知識覆盤系統」可以有
> 決定性的幫助，也往往佔據了樞紐的位置。

這幾年很流行打造 PKM（個人知識管理系統，Personal Knowledge Management），但我們真正需要的其實不是個人知識管理系統，而是「個人知識覆盤系統」。把「管理」替換成「覆盤」，會是更有效的思維，也是防彈筆記的思維邏輯。

重點真的不在「管理」，分類整理、資料架構這些雖說好像重要，但其實也沒那麼重要，管理其實可以允許一點混亂與變動，因為一套精美、完美、鉅細靡遺的管理邏輯要不就是不存在，要不就是要花掉很多時間管理，要不就是真的跟完成專案有關嗎？

重點在「覆盤」，我們的知識不是要管理，而是要覆盤。是透過執行過程反覆的集中處理，反覆的問問題、採取行動，然後持續修正，最終一則一則任務、想法、專案、問題筆記被我

們改寫成「核心任務筆記」、「永久型任務筆記」、「專案目標筆記」，這就是最好的個人知識管理。

而只要擁有「核心任務筆記」、「永久型任務筆記」、「專案目標筆記」，那麼：

📎 **這些筆記可以幫助我做類似任務時不需要重新拆解，掌握上次流程。**

📎 **這些筆記可以幫助我們避免做重複任務時犯錯。**

📎 **這些筆記可以幫助我們找到上次解決問題的方法與想法。**

📎 **這些筆記可以把上次最佳思考、流程，沿用到這次，這次任務就有精力去思考其他更好的步驟。**

沒有「個人知識庫」，老實說，工作還是可以被解決的。只是這個解決的過程中，許多上述的時間花費變成習慣，其實自己解決任務的時間、品質，都還可以大幅提升，只是自己不自知。

如果你想追問，那麼要用什麼整理方式，讓自己找回這些筆記呢？其實沒那麼複雜，就利用〈3-3 簡單、精準的防彈筆記結構〉提到的搜尋方法就好了，這些筆記只要用任務關鍵字就能找到。

　　於是我們只要在執行任務時搜尋任務筆記，每次做某個任務同時打開這則任務筆記，主要目的不只是看筆記上的規劃，而是要讓自己「隨手就能修改」！遇到問題時，當然需要動腦想，但不要只是動腦想，如果能夠同時打開任務筆記，邊想邊拆解到筆記，不僅更有效率，還能釋放壓力。

　　有些任務就是會重複做，而且自己期望能愈做愈好。那麼一定要在任務知識筆記中加入下一次要試試看的新想法、新步驟。任務剛剛結束的時候，記憶猶新，腦中會有很多想要改進、想要嘗試的東西，這些東西如果不「現在立刻」放入任務知識筆記，下次要做類似任務，幾乎一定會忘掉。

　　這樣一來，其實就是在防彈筆記的一則一則核心任務筆記中，打造出一個內在循環的覆盤系統了。

　　擁有「個人知識覆盤系統」是高效率工作者的必備工具，要建立知識庫，沒有我們想像的那麼花時間，但可以節省比我們想像的更多的時間，只要先從建立一則任務筆記開始，融入自己的工作流程中去刻意記錄即可。

3-6

從問題演化出
有價值的經驗筆記

目標成果	從解決問題出發，爲自己主動設計任務成果
要解決 什麼問題	我在工作、生活中看不到明確的任務成果怎麼辦？ 在人生中找不到可以聚焦、修改的目標怎麼辦？
下一步 行動	☐ 試試看爲一份資料，設計可以解決我的什麼問題 ☐ 爲一個問題解決，設計一個有任務成果的筆記 ☐ 爲發散的知識研究筆記設計一個任務成果
下一步 連結	·解決問題的筆記：〈1-2 防彈筆記，解決哪些關鍵問題？〉 ·從問題出發的筆記：〈3-2 三個問題、三種行動轉化筆記〉 ·解決問題的思考筆記：〈2-1 建立核心任務筆記〉 ·價值在寫筆記的動態過程創造：〈2-2 保持動態演化筆記〉 ·讓筆記有生命力：〈5-3 把人生寫成一本屬於自己的書〉

在防彈筆記法中我們反覆提到建立「核心任務筆記」的重要性，甚至在〈3-3 簡單、精準的防彈筆記結構〉中還分析了如何辨識「任務單位」的技巧。但是，相信有朋友走到這一步後，會發現有時候我們實在是看不到任務成果、目標成果在哪裡，於是不知道如何有效的打造這種核心筆記。

這就像我常常在時間管理課程中遇到有學員問我：「老師，可是現在我真的不知道自己的目標在哪裡？也沒有感覺到任何讓我激動地想要當成目標的事情？要怎麼辦呢？」（歡迎參考我的另外一本著作《時間管理的 30 道難題》，有針對這種情況提出具體作法。）

或者前面有提到「集中處理」的流程，但是有時候接收到資料時，我們只是覺得這個資料以後可能有用，但又看不出他可以明確歸因到哪一個核心任務筆記中（因為沒有一眼可以辨識的具體任務），而且可能很多資料、資訊都是這樣。這時候又要怎麼辦呢？

關鍵解決辦法就是，難道不是應該由我們「主動設計一個任務成果」嗎？

上述的思維好像是說有一種明確的外在任務

成果，我看到所以我才規劃。但真正防彈筆記的思維是，任務成果都是我們自己設計的，不是被動看到的、感覺到的、知道的，而是我主動設定出來的。

✎ 從解決問題開始，就能設計任務成果

但要怎麼主動去設計任務成果呢？防彈筆記建議你從「解決問題」開始。

例如我自己生活中有一個例子，有一次我看到有篇網路文章介紹一套大英百科全書漫畫版，我覺得介紹得很好，覺得這套書也很棒，我就想把這個資料收集下來，在這個階段，他可能就是屬於單純覺得有用的資料，但停留在「只是收集資料」而已。但前面我們說過，這種收集資料的筆記是最危險的，最後只會讓系統一團混亂。

如同〈2-1 建立核心任務筆記〉所說：「看似合理的（收集資料）工作流程：只是為了怕忘記，所以透過筆記把發生的事情記下來。是做錯了什麼步驟呢？其實，一開始就做錯了！因

為怕忘記所寫的筆記，往往就只是斷簡殘篇的記錄筆記，東記西記，最後都變成碎片筆記，反而還要花更多時間整理，要用的時候明明就在裡面但就是找都找不到。」

更好的做法是，收集的當下就「主動幫他設計一個任務成果」，如果想不到成果，就從「解決問題」出發。那段時間我剛好想要多帶孩子出去踏青，可是「小孩覺得戶外很熱又無趣，常常不想出去」，這是不是就是一個「問題」？我就從這個「問題」出發去設計一個任務成果：「我打算先去買這套書籍的自然、生物科學部分，然後引發孩子的興趣，轉化成我可以在出外踏青時帶孩子一起認識與體驗的行動。」

🔗 **原本就需要解決的問題：「小孩覺得戶外很熱又無趣，常常不想出去」**

🔗 **轉化成任務成果：「我打算先去買這套書籍的自然、生物科學部分，然後引發孩子的興趣，轉化成我可以在出外踏青時帶孩子一起認識與體驗的行動。」**

於是我就建立了一則「大英百科全書漫畫版的親子共讀與踏青」的「核心任務筆記」，這則筆記中不僅記錄了閱讀的進度，還記錄了過程中有哪些親子活動，這樣一來這則筆記就「活起來」了。他不再只是資料的收集（但也有這部分），同時也是生活、工作中真正會採取的行動，並且有創造與累積一些真正

屬於自己的成果。

所以，你說有什麼筆記是無法變成「核心任務筆記」的呢？我認為沒有，如果有，也很有可能只是我們忘記去發現要解決的問題，於是也忘記去設計任務成果，但缺少這些部分的筆記，到底算是無用資料，還是有生命的筆記呢？

本書在開頭〈1-2 防彈筆記，解決哪些關鍵問題？〉提到：「防彈筆記法希望大家可以開始寫覆盤式的生活筆記，透過筆記去定錨生活中出現的問題，並透過實際經驗的修正，演化出一則一則真正可以實踐生活習慣、推進生活計畫、解決生活問題的筆記。」

✎ 有價值的筆記，是解決問題、留下經驗的筆記

上述生活案例可以這樣設計任務筆記，那麼職場中的筆記更應該如此，如果我接收到的只是一些片段的資料、零散的行動，找不到歸因的任務，與其就真的零散的筆記下來，不如自己主動試試看設計出任務成果。

例如可能在會議中聽到一個別組同事報告的行銷案例，一般來說可能事不關己，有時候我們為了打發時間，也會拿著一個

186

筆記本寫下一些好像重點的內容。只是如果就這樣寫下來，往往這些隨手記下的重點，最後就是一些從來不會拿出來的資料而已，甚至根本不能說是資料，因為幾乎用不到。

> 那麼，如果可以在要筆記這些重點之前，想一想：「我要解決一個什麼自己的問題，設計一個怎麼樣的任務成果，可以讓這些資料變成真正行動呢？」

於是可能我會想到自己最近手上的專案，或許需要一個新的行銷活動，試試看剛剛別組同事報告的那個行銷案例裡的某些方法，確認看看這些資料是否也可以對自己有幫助。於是產生了一則「行銷活動的任務筆記」，剛剛的重點也直接寫入這則筆記中。

這樣一來，我們的筆記系統就會是一個以「完成任務」、「創造成果」為核心的系統，這時候我們不僅不會陷入找資料、整理資料的迷思，而且這樣的筆記可以幫助我們聚焦在「為自己製造成果，對自己的成果負責」這條流程上，這對工作乃至於生活的效率都是至關重要的。

如果你說怎麼辦？可是我不知道自己工作上、生活中有什麼問題？這一點不用擔心，因為一定有問題，只是我沒有去做幾個追問的步驟而已。我們可以試試看〈3-2 三個問題、三種行動轉化筆記〉的方法，於是就會發現：「為什麼計劃往往趕不上變化？為什麼被交辦一件事情後，總是有層出不窮的意外？有時候，變化、意外就是臨時出現的。但也很多時候，我們應該想一想自己在計畫一開始、被交辦的當下，真的有想過一輪可能發生的變化與意外嗎？如果沒有，那這是變化、意外太多，還是我沒有想到本來就容易發生的變化與意外？」

✎ 知識資料筆記，也可以解決問題、設計任務成果

我們往往習慣去建立所謂的資料系統，但誰說學習資料不能變成任務筆記？一則沒有變成任務筆記的學習資料，會是好的學習筆記嗎？本書在〈2-2 保持動態演化筆記〉提到：「一開始收集片段資料的時候只是暫時的筆記。但是經過行動的測試變成核心任務筆記。執行到完成後則變成知識與經驗筆記，這是一則筆記最好的生命週期。」

意思是，一開始就是用資料筆記、知識筆記去發展筆記，可能不會是最好的做法，反而可能累積很多最後拿不出來用的筆記。

在執行知識研究任務時，依然可以試試看「用成果為行動單位推進」：

📎 例如不是「收集更多資料」的筆記，因為沒有看到要創造的成果，於是就發現怎麼愈收集資料反而需要愈多時間，或許可以設計一個任務成果是「分析三個最常被提及的方法」，這樣這則知識型的筆記就有了明確的「我的分析」的任務。

📎 例如雖然知道筆記需要有自己的思考，但思緒發散，再多時間也不一定足夠，或許可以設定一個任務成果是：「把這個方法解決我的什麼問題，寫成一篇文章分享」，這樣這則知識筆記就有一個聚焦的要推進的成果。

如果我們只是用資料、知識筆記來思考，常常會發現做了很多收集，花了很多時間整理，但真正工作進度還是落後，時間還是不夠。

但是透過上面的修正，我們的知識資料筆記就會有聚焦的行動，並且會產出可以交付的、有價值的成果。

或許有時候我們確實需要發散性的思考，讓自己突破框架，產生不同的解決方案。但是太發散的計畫，會讓知識性工作永

遠需要更多的時間，最後陷入工作效率與時間管理的惡夢。雖然說知識性的目標有時候很難評估，但是我們還是可以從一個比較客觀的角度，來避免知識性工作在繞大圈圈，卻無助於目標的推進。這個角度就是：「把知識性目標，轉化成問題解決流程。」

例如「研究優秀的圖表設計」，這種任務就太過發散，那麼這時候核心任務筆記可以怎麼設計才對呢？或許可以轉化成「幾個問題」：誰要用這個圖表？這些人在原本圖表運用中的痛點是什麼？ A 方法可以解決痛點嗎？ B 方法可以解決痛點嗎？

這樣一來，即使是知識性工作，也會有一個循序漸進，一個階段一個階段具體完成的專案流程。而不會在發散的「研究優秀的圖表設計」上轉圈圈了。

推進任務、專案，或是提升工作效率的最好辦法，常常是從解決問題出發，而非重新設定目標。

3-7

建立有效的
每日行動清單筆記

目標成果	從核心任務筆記過濾出有效的每日行動
要解決什麼問題	為什麼我們列的待辦清單做不完？ 為什麼待辦清單沒有真正幫我創造價值？ 如何設計一個有輕重緩急的待辦清單？
下一步行動	☐ 先挑選幾則最重要的核心任務筆記 ☐ 從任務筆記中選出下一步行動 ☐ 放入明日的待辦清單
下一步連結	·推進行動的每日清單：〈3-2 三個問題、三種行動轉化筆記〉 ·從任務而非行動出發：〈3-3 簡單、精準的防彈筆記結構〉 ·更有價值的連結：〈4-3 利用連結，建立減少摩擦力的筆記系統〉

在〈3-2 三個問題、三種行動轉化筆記〉中提到:「核心任務筆記拆解得再好,最終依然需要從有效的下一步行動,一步一步往前推進,所以最後筆記的關鍵其實在於如何行動。」在那個流程中,我們先在核心任務筆記中拆解下一步行動。不過,最後這些下一步行動,還是要轉化成每天真正執行的行動清單。

可是這裡「流程的順序」很重要,如果我們直接從每天接收到的雜事、資訊、想法中去建立行動清單,那幾乎一定會產生一個混亂、瞎忙、做不到的每日待辦清單。那麼狀況,就像本書在〈2-1 建立核心任務筆記〉畫的那張流程圖。

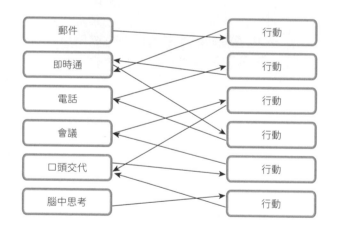

而經過本書前面許多單元一步一步拆解防彈筆記的流程後,最終流程的最後一步,我們確實是要列出讓每日行動有價值、做得到、的待辦清單,但是他的流程是先有核心任務筆記的拆

解，甚至經過一些覆盤的修正，於是核心任務筆記中有一些關鍵的下一步行動，這時候才把這些行動放入每日的待辦清單。

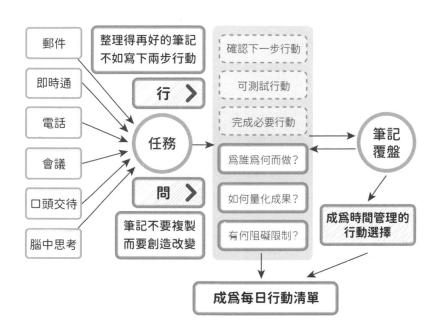

✎ 先有核心任務筆記，才選擇每日行動

〈3-3 簡單、精準的防彈筆記結構〉提到：「正確的任務單位，可以幫助我們把幾乎看起來都很重要、都有價值的事情，真正區分出輕重緩急，因為只有以有效益的最終成果來聚焦，我們才能從為什麼做這件事？做了對最終成果的影響有多大？來區分出輕重緩急。」

我自己列每日待辦清單的習慣已經持續十幾年了，不過早期我自己也真的就是從一堆每日的雜事中直接列出行動，後來發現這樣的待辦清單真的是混亂又沒效率。於是我經過了幾個階段的改進，最終在防彈筆記法中確立了「先有核心任務筆記，才選擇每日行動」的邏輯。

　　甚至我現在已經不再使用單純的待辦清單（Todo List）工具，而是直接在我自己的筆記系統中開一則「專屬筆記」，手工的在每個禮拜日晚上，列出下個禮拜的每日行動清單。這樣的作法，其實比什麼自動化的待辦清單工具都要更有效，而且也不需要花掉多少時間。

到了這裡，其實防彈筆記法也想打破前幾年流行的子彈筆記法的列行動方式，子彈筆記常常把很多想法列在每天的行動清單上，但這樣累積久了其實更容易混亂。

　　很多快速的記錄其實不應該記在待辦清單，而應該記回任務、專案筆記，例如那些突發的思考、相關的後續行動等等，這是防彈筆記法集中處理的「核心任務筆記」原則。請對照後

方的流程圖，雜訊都應該先進入核心任務筆記中。大量的雜
事、分散的任務，只會浪費每天處理真正要事的時間，而我們
如果想要判斷輕重緩急，唯有先建立起「核心任務筆記」，在
這些筆記中有對任務成果的反思，更有效行動的拆解。

接著，防彈筆記法建議我們先從「核心任務筆記」挑選行動
進入每日待辦清單，而非從每天臨時的雜事中選擇行動。只要
先做到這個關鍵的改變，那麼我們每天的待辦清單，其實也就
是我們每天的工作流程就會有很大的改變。

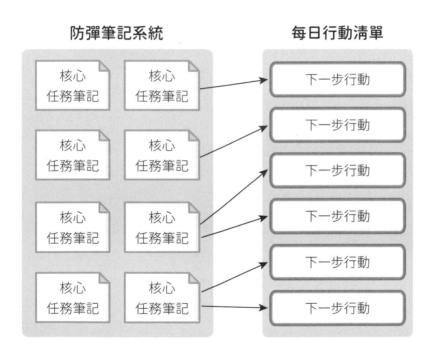

🖊 在防彈筆記中沉澱，判斷你的每週行動價值

> 待辦清單工具雖然記錄行動很快、設定提醒時間很快，也常常能自動過濾出每天的「時間」行動清單。但是，更目標化的時間管理，對於每天的行動清單思考其實包含許多「人的價值判斷」。

這種價值判斷，這很難透過自動化的時間排程系統就做出決定，而是要人沉靜一段時間好好思考與整理，那麼手工決定「價值」行動清單就有其必要。

而這個判斷，我會建議大家試試看「用每週一次的視野」，判斷下一週要採取的行動。尤其要處理的工作如果有更多是長期的目標，為了推進這些專案，只是每天晚上決定明天的行動是不夠的、來不及的，需要一個更長期的策略思考視野。需要不只是看到收集的一大堆行動，而是需要先看到專案（核心任務筆記、目標筆記）的視野。

如果核心任務筆記、專案目標筆記已經在防彈系統建立好了，那麼這個「每週判斷一次」的動作其實很節省時間，我自己大概 30 分鐘到 60 分鐘內就可以判斷完畢。而在判斷時，建議可以將行動清單分成三個層次：

🔖 對我個人來說最有價值的目標

- 可能是生活、斜槓上的專案，也可能是工作專案，但對自己最有價值，或許不是公司要求的，但需要利用自己個人的時間推進。

🔖 需要推進進度的要事

- 工作上某些有價值且長期的任務、專案（可以是一週後要完成的重要任務，或是幾個月後要完成的專案），今天應該要推進的行動。結合行事曆或進度表，讓這些需要進度的事情可以逐步推進。

🔖 其他瑣事

- 剩下其他要做的事情，都歸類到其他瑣事。例如臨時交辦的小事、次要的意外處理。

防彈筆記法在列待辦清單時認為應該：「工作、生活、個人目標統一管理」，而這樣三個層次的行動清單，其實對我們來說就是很好的「時間利用提醒」：

📎 **第一層（個人最有價值的要事）**：利用自己可掌控的零碎時間推進，因為這類事情通常沒有人會為你預留時間去做。

📎 **第二層（工作上重要專案的推進）**：知道工作時間要優先推進的行動是什麼？讓時間先花在工作上最重要的專案上。

📎 **第三層（其他雜事）：** 工作上一定有一些不想做、不能做重要專案行動的時間，這時候就可以做一些雜事。

透過這樣的方式建立目標導向的每日行動清單，這些行動來自於不同的核心任務筆記、專案目標筆記，只要建立起之間的連結，就能很好管理。這也是我認為筆記更好的連結方式，是行動的連結、輕重的連結、價值的連結。

到了這個階段，我們也可以更勇敢地放棄不能連結到目標筆記的雜事，把這些行動選擇性的放棄或延後。因為就算是雜事，也有分成是跟目標有關的雜事，還是跟目標無關的雜事。

更複雜的行動清單技巧或功能，並非一定有需要，因為真正重要的是我們對於任務的價值思考、對於行動的判斷，所以如果這樣的行動清單還想要做得更好，其實也就是在這份「每週行動清單筆記」中持續修正即可：

如果今天某個任務要做的小步驟做完了，還有時間也還想繼續做怎麼辦？那就把握這個動力，繼續推進這個任務，只要連結到任務筆記，自然知道還有哪些下一步可以做。

如果今天不小心把這樣相對精簡的待辦清單完成了怎麼辦？列得少其實不用擔心，我們只是要確保最關鍵的行動做完

了即可。如果還有時間，自己的專案、任務管理系統裡，應該可以找到許多行動，放入今天的待辦清單繼續做。

如果今天列出的行動清單還是拖延了怎麼辦？這其實是很好的提醒，自己的時間估量是否太樂觀？下一步行動是否還不夠具體、簡單？不要直接把行動複製到明天，而要回到核心任務筆記思考如何重新拆解行動，讓行動更可行。

每日待辦清單不是要告訴你所有要做的事情，而是如何清晰、專注的利用時間，完成有意義的一天。

所有要做的事情，應該在自己的專案、任務管理系統中，而「每週、每天的行動清單」是一個預先打造的、幫助自己清晰與專注的指引，這份指引會讓自己更有效地推進每一天。

而到了這一步，一套完整可以幫助我們保護生產力、完成目標與任務的「防彈筆記」流程，也就完成了。

Part 4

防彈筆記的
整理

4-1

爲什麼
清空大腦與建立第二大腦？

目標成果	把握簡單精準建立第二大腦的關鍵步驟
要解決 什麼問題	爲什麼我清空大腦後資料還是找不到？ 第二大腦要不要花很多時間整理？ 第二大腦要如何建立才會有效找回所有資料？
下一步 行動	☐ 下個禮拜練習隨手整理的習慣 ☐ 隨手整理時，練習當下拆解行動 ☐ 練習用搜尋找到任務，一邊執行一邊記錄
下一步 連結	・打造可抵抗外在挑戰的健康內在系統：〈1-1 防彈筆記，如何改變生產力〉 ・先保護好生產力：〈3-5 打造內在循環的覆盤 筆記〉 ・用行動設計取代傳統分類：〈4-5 設計筆記的 使用行動情境〉

　　多年前我在《大腦減壓的子彈筆記術》書中說：「很多時候不是我們不會時間管理，而是我們沒有先把系統建立起來。」經過了這幾年更多的工作經驗、更多的課程討論，我更確定這個重要的前提是有效的。如果只是處理眼前的東西，那麼當新的東西出現後，因為沒有系統，東西沒有決定他們應該擺放的位置，於是就會繼續累積多餘的東西，更多東西開始回覆更多雜亂，最後只好又在混亂中重新整理一次，日復一日。但是如果我們有建立「一套整理系統」，就可以很大程度避免恢復混亂的問題，也減少很多時間浪費。

　　不過，很多朋友跟我說要建立一套系統，這不是更加困難嗎？所以在「防彈筆記法」中做了新的反思與實踐，也就是前面章節所說的防彈流程，尤其是聚焦在第一個步驟：「集中處理」加上「三個問題與三個行動」的轉化，也就是做好一則「核心任務筆記」，其實一個可以抵抗外在挑戰的系統就足夠了！

　　這時候我們需要的不是先建立一套整理系統，而是先寫好核心任務筆記即可。

　　如同〈3-5 打造內在循環的覆盤筆記〉所說的：「在工作、生活中往往不是等我們做好計畫才有事情做，而是在我們根本什麼都還沒準備時，就有許多的事情在意想不到的情況下來到我們身上，這就是防彈筆記法要抵禦的子彈，如果檔不住、接

不住這些子彈，後面什麼生產力都不用談。」而寫好核心任務筆記，並且透過覆盤在一邊執行的過程一邊修正筆記，便能很大程度的保護生產力。

但是這時候這些「核心任務筆記」（乃至於衍伸出來的專案目標筆記、永久型任務筆記）因為一直在一個動態修正的過程，所以我們需要一個「儲存處」來保管他們，並且方便我們隨時取用，這個儲存處就是「第二大腦」。

清空大腦的優點與不足

時間管理經典方法論 GTD，有一個很重要的洞見是：清空我們的大腦，在規劃執行任何目標前，先清空大腦並建立第二大腦來管控各種事務，這樣我們才能有餘裕的去推進重要目標。大腦本來就不可能記住並管理好那些雜亂事項，所以需要建立一個系統，讓這些東西移出大腦，在外接的第二大腦中做好管理。

> 不過，移出大腦是一回事，但是如果清空大腦的過程依然雜亂無章，那麼就算記住，還

是混亂依舊。清空大腦的優點顯而易見，但是清空之後如何建立第二大腦，卻可能需要不同的邏輯。

有很多朋友建立了感覺是第二大腦的系統，但最後做事還是常常漏東漏西，甚至不一定會想要打開來用，這裡面的關鍵癥結點在於：「我們的清空大腦過程只是建立了一個外接資料庫而已。」你可能會說，第二大腦難道不是資料庫嗎？當然不是。

如果我心中用資料庫的想像去整理，那麼很容易陷入為了整理資料而整理資料，這時候我可能花了很多時間做了各種資料分類或結構化，但跟我自己要實踐什麼目標、推進什麼任務無關。這個資料庫變成一個真的只是「外接的工具」，就算整理得再漂亮，但是當我要推進一個專案、任務時，變成是回到資料庫去重新找資料，那一定會覺得不好用、不想用。

第二大腦的意思，並非是我們要花很多時間去整理資料，而是我們在收納這些資料的當下去跟自己的核心任務做關聯，甚至跟任務底下要做的下一步行動做關聯，最後產生的不是一個資料庫系統，而是一個指引自己如何行動的系統，也就是一則一則「核心任務筆記」，這樣才會是有動力、想去做、又能輕鬆找到資料的第二大腦。

> **當我們不小心陷入只是在整理外部資料的迷思中，就會忘了自己如何思考、如何行動、產生什麼問題、遇到什麼經驗，但後者才是第二大腦更關鍵的部分。**

如果只有外部資料，那就只是一個死的資料庫，而且一定會有所遺漏，因為大多數真正把事情完成的關鍵，都不在那些外部資料中。

第二大腦的意思，並非是要我們收集整理很多資料，而是要記錄、覆盤自己腦中的各種想法，包含我對一件事情的目的思考，包含我對如何完成的行動設計，包含我在過程中發現的問題與經驗，我們很容易忽略這些內容的整理，但他們才是第二大腦真正關鍵的部分。也是防彈筆記中「核心任務筆記」真正關鍵的部分。

一旦我們的第二大腦是一則一則核心任務筆記，那麼搜尋關鍵字找回任務筆記（或者在紙本中找回固定的任務筆記）就更容易，而任務筆記中就有需要的行動、思考、資料。

建立第二大腦的 7 個隨手整理技巧

雖然我們想要「最少的整理」以免浪費時間，但也不能完全不做整理，所以這一個章節才要談防彈筆記的整理方法，只是這個整理跟一般的分類整理不太一樣，主要聚焦於「當下就做好整理」。在《原子習慣》一書中也有提到，如果我們是容易懶惰、拖延的人，那麼設定一個整理時間對我們很難做到（而且也不一定整理得好），反而隨手、當下做好一點點的整理（例如隨手把東西放回原位），累積下來是更好的整理系統。

> 事後的分類整理往往要花掉更多時間，而且更不準確。當下隨手整理，系統自然而然就整理好，並且不會花太多額外時間，才是更有效的做法。

技巧一：捕捉到一個任務一則筆記

不只是雜訊不能用大腦記住，雜訊的分類也很難用大腦記住，因為大腦記不住。傳統的資料分類方式，其實反而會變成

清空大腦過程的另外一種阻礙，這個阻礙導致我們往往花了很多時間分類資料，但最後還是忘記自己把資料分類到哪裡。所以徹底的清空大腦，應該是要連分類這種需要記住的東西都清空！

我們要找到一個最小、最簡潔，並且不會忘記的分類單位，防彈筆記認為這個分類單位就是「任務」（可以參考〈3-3 簡單、精準的防彈筆記結構〉辨識任務單位的技巧）。

「任務」代表我要完成的最小有價值成果，例如一篇要完成的文章，而不是寫文章過程需要的資料。例如舉辦一個小型的活動，而不是活動過程要準備的器材。在捕捉與清空大腦的過程，以「任務」為單位，問自己現在出現的這個資料、行動是哪一個「任務」完成所需要的，就放入那個「任務」的單位中。

技巧二：捕捉想做、要做的下一步行動到任務筆記

把要做、想做、別人交辦我做的「行動」，持續丟上待辦清單，其實不是有效的清空大腦方法，因為行動沒有價值，有價值的是一連串行動後要完成的那個任務成果。例如要列印參加名單、要通知活動場地、要準備資料夾、要準備海報，這些行動不能雜亂分散的收集在待辦清單中，而是要捕捉收集到他們所要完成的那一個最終任務：「舉辦某某活動」的任務筆記中。

　　徹底的清空大腦，應該是要把「所有」下一步行動，都捕捉到他所屬的任務筆記中，但什麼是「所有」的下一步行動呢？

📎 **要完成這個任務，我拆解出來要做的下一步行動。**

📎 **跟這個任務有關，但臨時插入、變動意外產生的下一步行動。**

📎 **跟這個任務有關，還沒確定是否要做，未來可能需要的下一步行動。**

　　漏掉上面某一種行動沒有從大腦清空，沒有收集到第二大腦的任務筆記，都會造成過程中還是有遺漏，第二大腦就不完整，變成我們依然需要繼續用第一大腦來管理。

　　這其實也是為什麼很多朋友可能實踐過第二大腦的方法，最後卻還是覺得雜亂，還是覺得沒有效果的原因。

技巧三：把資料整理到任務筆記中需要的行動後

　　有些行動不一定是用行動的方式出現在我們面前！而往往是用「某種資料」、「某種訊息」的方式出現。這時候，如果我們是用資料、訊息的邏輯來整理、移出這些資訊的話，那麼其實我們不算是真正的清空大腦，因為我們還有些東西記在大腦中沒有清空。

這些忘了從大腦移出的東西就是：「我們要怎麼處理這個資料？要怎麼運用這些訊息？這些資訊要用來完成哪一個任務的哪一步行動？」我們應該利用〈3-2 三個問題、三種行動轉化筆記〉的技巧，主動的在筆記中拆解行動。

所以真正有效的清空大腦，當看到的是一些資料、訊息類的內容時，要捕捉到第二大腦的那一刻，別忘了問自己一個關鍵的問題：「我要在那一步行動中取用這些資料與訊息？他們是要完成哪一個任務所用？」

問對這個問題，我們就會產生出一個新的行動，也要同時捕捉到第二大腦中。這時候，資料、訊息的最佳整理位置是哪裡呢？就是任務筆記中的要使用這些資料與訊息的那一步行動後面。

技巧四：隨時捕捉出現的想法到任務筆記

建立第二大腦的過程，應該是隨時、隨手都要捕捉大腦中產生的新行動、新想法、新資訊。我們不能說現在在移動中，所以等到回家再捕捉。現在在處理另外一件工作，所以等一下再清空目前腦中的新想法。如果這樣做，往往就無法真正的清空大腦，而且很容易遺忘、遺漏，最後第二大腦的系統也就不完整。

前面講到了要捕捉所有的下一步行動到任務筆記，捕捉所有的資訊並轉化成行動後進入任務筆記，還有包含腦中關於某個任務的想法，也應該隨時捕捉到任務筆記中：

📎 **任務目標的設想**

📎 **任務發現的問題**

📎 **覺得好像可以這樣做，但是還沒想清楚的想法**

這些想法，都請放心的立刻打開任務筆記，隨手的補充上去。

這樣隨時、隨手補充會不會很花時間，反而干擾我們的工作呢？我們只要把握下面幾個最簡潔步驟，就不會構成干擾：

📎 **不要亂捕捉，也不需要做額外整理，就是找到所屬的任務筆記，捕捉進去即可。**

📎 **捕捉時，就是把目前新出現的想法捕捉進去（沒有出現的就不用硬去想）。**

📎 **只要隨時捕捉與累積，慢慢的一個有效的目標自然就會更容易出現。**

📎 **捕捉完，就立刻離開，繼續回到工作。**

如果總是想不到有什麼想法，歡迎參考〈3-2 三個問題、三種行動轉化筆記〉的問問題技巧。

技巧五：用最簡潔的筆記清單格式

為了避免捕捉、清空大腦、建立第二大腦的過程，反而變成我們要花很多時間去做整理，所以應該要保持一個最簡潔但有效的筆記格式就好。請參考〈3-4 由下而上建立目標筆記〉如何採用一個最簡潔的筆記格式。

> 最好捕捉的過程就是快速打開任務筆記，只要複製、輸入一小段資料，就能立刻離開，不需要多餘整理，馬上回到工作中。

但是隨手做到這樣的步驟就能確保未來使用時找得到，並且找到時看到的是有效的筆記內容。

防彈筆記法認為最簡潔的任務筆記格式就是：

✎ 用大綱清單（樹狀清單、項目清單）列出筆記的目標、問題、階段進度、行動清單的分層結構。

✎ 筆記的內容順序，就是任務的行動執行順序。所有資訊的整理順序，就是跟著如何使用資訊的行動順序排序。

技巧六:如何減少整理又能確實找到?搜尋

無論用什麼系統建立第二大腦,我都強烈建議,無論是怎麼整理、怎麼找到、怎麼使用,都不要忘記這個關鍵字:「搜尋!搜尋!搜尋!」

其實真的搜尋找到就好。如果我們用「任務」為單位來清空大腦、建立第二大腦,其實就是搜尋任務關鍵字,就能找到這個任務筆記,就能看到所有任務下的想法、行動、資料了。這個意思就是,不要用想法、資料、行動的關鍵字來搜尋,要用「任務」這個單位為關鍵字進行搜尋。可以參考〈3-3 簡單、精準的防彈筆記結構〉提到的搜尋就能找到技巧。

如果你想要貫徹清空大腦、建立第二大腦的流程,這個「搜尋任務關鍵字」的方法必須要深植在我們心中。

📎 **當有任何雜訊要捕捉時,「搜尋任務關鍵字」,找到所屬的任務筆記放進去。**

📎 **當出現新的意外變動行動時,「搜尋任務關鍵字」,找到所屬的任務筆記放進去。**

📎 **當出現一些新的想法時,「搜尋任務關鍵字」,找到所屬的任務筆記放進去。**

走到這一步,你慢慢會發現,清空大腦、建立第二大腦,真

的很簡單，並不會花掉很多時間，除非我們用錯了整理方法。

技巧七：捕捉自己正在執行的內容

我們的清空大腦不夠徹底，導致最後任務還是常常漏東漏西，除了前面的各種捕捉、整理的原因外，還有另外一個很大的影響因素，那就是我們常常「忘記捕捉自己正在做的東西」。我們常常把自己的待辦清單、行事曆、任務筆記當作一種「提醒」、「規劃」，卻不是當做真正的「記錄」工具。或者說我們以為的記錄常常是執行前的記錄，卻漏掉執行中、執行後的記錄。

這樣一來，我們的清空大腦、第二大腦系統，等於只清空了 1/3，卻漏掉了 2/3。這也是為什麼最後我們還是發現清空大腦、第二大腦好像沒用？可能不是沒用，而是我們根本沒有真正清空大腦。

所以最好在執行任務的過程中，不只是打開任務筆記確認，而是打開任務筆記，跟著任務執行一起記錄，把執行過程中產生的新行動、新想法、新問題，也都隨手補充到任務筆記中。這樣一來，有時候任務做到一半被打斷，我們都能隨時依靠任務筆記快速回到前一步繼續。如果有重複的任務，上次的任務筆記才會成為真正值得參考的筆記。

　　而這也才是真正的第二大腦習慣，也幫助我們建立保護生產力的健康系統，〈1-1 防彈筆記，如何改變生產力〉提到：「防彈筆記法就像是打造一個更健康的身體內在系統，強化我們的心肺能力、肌耐力、健康數值，而不是一直被外在的不健康習慣消耗，而當我們的內在系統變得強健，反而能夠更輕鬆的應付各種外在的挑戰。」

　　清空大腦、管理第二大腦的過程本身，可以成為一個有效的持續覆盤的過程，這個過程一方面可以為自己帶來成長與改變，一方面也可以成為自己的一種持續的動力，而且並不需要花很多時間整理，養成有效的隨手整理習慣，防彈筆記的第二大腦就建立起來了。

4-2

準備一個
暫存筆記收集箱

目標成果	建立防彈筆記的整理緩衝區
要解決什麼問題	有時候真的當下無法判斷任務與行動怎麼辦？ 工作很緊迫沒有時間隨手整理怎麼辦？ 如何讓整理更輕鬆有彈性？但又不混亂？
下一步行動	☐ 設定一個工具或分類當作暫存收集箱 ☐ 練習每天清空便利貼的歸檔連結行動
下一步連結	・暫時筆記的區隔與刪除：〈3-1 防彈第一步：集中處理〉 ・利用連結統整資料：〈4-3 利用連結，建立減少摩擦力的筆記系統〉

在〈3-1 防彈第一步：集中處理〉我們提到：「如果說我收集某篇網頁文章，只是覺得他很好，但其實當下完全無法讓他跟任何自己的核心任務筆記產生連結，或是無法做自己的處理，那麼不如不要收集！或是先把這些內容放在我們〉2-2 保持動態演化筆記〉提到的暫時筆記收集箱中，過一段時間如果都不能放入核心任務筆記就刪除。」

前一個單元討論到第二大腦時講到許多隨手整理的習慣，有些朋友一定會覺得可能很多時候（或一開始練習的時候）無法真的隨手整理，可是如果不做到隨手整理，最後系統又是一團混亂，這時候怎麼辦呢？

要讓工作任務更輕鬆但更有效的管理，要克服工作中的各種臨時事項的干擾，要讓自己簡單架構一個可以安心不失誤的工作系統，這時候，準備一個暫存工具，是工作流程必不可少的設計。如果說，你目前已經有一套自己的時間管理、待辦清單、知識整理工具和系統，但常常覺得用起來卡卡的，例如常常要花很多時間停下工作來整理自己的系統，或是依然有很多東西漏東漏西就是無法有效統整到系統中，那麼很有可能你就是缺乏一個「暫存」的工具與工作流程。

✎ 利用暫存便利貼或收集箱

雖然在 Evernote、Notion、各種數位筆記工具、紙本筆記中本來就可以隨時新增筆記，但雜亂的新增筆記不能算是真正的暫存工作流程。

我們可以另外準備了一份草寫本、便利貼，用途是有時候走在路上忽然腦袋蹦出一個想法，或是開會工作到一半忽然想到一個額外行動，先記在草寫本（便利貼）中，而不是直接寫進筆記，更不是另外開一則新筆記。

為什麼呢？首先是這些情境下有更需要保持專注的事情要做（走路、正在做的工作），沒有時間好好把想法與行動整理到正確位置，但又需要最短時間完成記錄，所以一張隨時開啟的「便利貼」，就能一打開就記錄，然後立刻回到原本要專注的流程中，但又不怕之後忘記。只要之後這段專注工作時間結束，或是自己回到更適合「整理」的桌面工作環境，打開便利貼，把剛剛草寫的內容，用更舒適、更準確也更有效率的方法整理回真正的筆記即可。

或者我們可以在自己的筆記本建立一個專屬分類叫做「（暫存）收集箱」。

雖然我想要避免有什麼新內容都新增一則筆記（因為會導致

筆記混亂），我希望能把新資料都整理回真正的任務筆記中，但「整理回真正的任務筆記」這個動作需要花時間，包含分類整理的操作時間，也包含判斷要放進哪裡的思考時間，而現實環境不一定允許有這些時間。

更進一步的，有些時候臨時出現的資料不一定只是「一兩句話」可以收集好的想法、行動，而是：某幾個檔案、一封電子郵件、一篇網頁，或其他更多更繁雜的內容，例如一整段即時通裡討論的訊息、文件來回對話。這些內容往往無法簡單記進一張便利貼（草寫本）。所以這時候還是只能把這些內容先收集到「（暫存）收集箱」。雖然難免要多新增一則記事，但這則記事放在「（暫存）收集箱」，我就知道這是還沒準確整理歸位的內容，需要等有空檔時，在適合環境時，歸位到正確的專案、任務筆記中。

所以為了「專心做某件事情時，捕捉出現的其他臨時文件、檔案、複雜資料內容」，一個這樣的「（暫存）收集箱」更能解決問題。

✎ 每天清空暫存便利貼，每週理清暫存收集箱

　　我們要如何處理剛剛暫存的便利貼呢？如果是一小段想法，就確認這段想法應該整合到之前哪一則知識記事，或是哪一則任務企畫中。如果是一個行動，就確認這個行動應該整合到之前哪一則專案、任務筆記中的哪一個步驟之後。關鍵就是，把這些暫存的零散想法、行動，利用稍後空檔，歸位到他們真正需要的任務筆記的需要的位置中。

　　如果是「（暫存）收集箱」，起碼每週要列下週子彈清單時就會回顧、理清一下這幾天的收集箱。（搭配〈3-7 建立有效的每日行動清單筆記〉的每週規劃行動清單方法）

　　如果是一些暫存檔案，就確認這些檔案應該歸檔、連結到哪些真正需要的專案、任務筆記中。如果是一封電子郵件、一段來回對話，就要整理一下並拆解出自己需要做的行動清單，然後同樣歸位到需要的專案、任務筆記。如果是一篇網頁，或是一些資料內容，就要思考一下是什麼任務需要？是關連到自己目前在研究的什麼知識主題？然後最好歸檔或連結。關鍵就是，把這些暫存的檔案、郵件、對話、資料內容，利用每週要列行動清單的時機，或是每隔幾日的空檔，做好需要的歸位、連結，尤其要和他們需要的專案、任務筆記連結。

「（暫存）收集箱」不用要求自己一定要完全清空，因為人難免會收集一些多餘的資料，有些資料在「（暫存）收集箱」放久了都沒有歸檔，其實是提醒我這些是多餘資料，就在不想再看到他們的時候一次刪除他們即可。

✏️ 多一個暫存工具，可以提升什麼效率？

為什麼上面這樣的簡單工作流程設定，只是多一個「暫存工具」，就可以有效的提升工作效率呢？讓我們來做一些對比。

走在路上，工作到一半，忽然想到、臨吋按收到一個行動，這時候怎麼辦？

📎 A：先記在大腦中，等到之後再記得處理。但往往很快就會遺忘，一旦遺忘就是更多出錯產生的時間浪費。

📎 B：記到自己正式的專案系統、待辦清單、筆記系統中。這個步驟是有益的，但往往這需要耗費一些整理專案、判斷行動的時間，於是可能自己必須停下手邊在做的事情，反而可能影響了優先事項的效率，或是讓自己分心而難以回到高效率工作狀態。

📎 C：先記到一個固定的暫存工具，例如一張便列貼就是專門收集這些臨時出現的行動，等到回到更適合整

理的辦公桌，或是完成一個工作階段，利用小空檔，再把剛剛臨時出現的行動整理回任務系統。

這時候選項 C，可以兼顧要記住，以及不用花太多時間，但之後又能有效整理的目的。選項 C 是相對平衡的選擇，一方面讓當下可以記住又不干擾正常工作流程，另一方面可以確保之後會去做「整理回自己的專案、任務流程」這個關鍵動作，避免產生只是一堆雜事的清單。

如果在學習、思考某些主題時，任何時候都可能忽然靈光一閃，或是對最近的學習蹦出想法，這時候該怎麼辦？

✎ A：先記在大腦中，等到之後再整理回自己的學習系統。但一樣幾乎很快就忘記，於是很多靈感想法就浪費掉了，之後要花更多時間重複思考與學習。

✎ B：直接整理到自己的學習系統裡。這個步驟當然是有益處的，可是這可能需要很多分類的思考、標籤的處理、連結的製作等等，如果想要整理得完整，又必須停下手邊工作，影響了當下的優先事項效率，同樣容易分心。

✎ C：先記到一個固定的暫存工具，例如一個可以收納文章、檔案的收集箱，當下甚至不一定有時間做延伸思考，但把這些資料先整理到收集箱，等到之後真正

的學習、整理時間，再來消化處理這些資料，並統整
回真正的學習系統。

這時候選項 C 同樣可以兼顧想要收集資料，但又需要消化
資料，並且最後還需要有效的整理思維放入自己的學習、知識
系統等需求。一樣可以在不干擾當下正常工作流程的情況下，
幫我們先預留一個緩衝區，記住並區分出哪些資料是自己處理
過（在真正的學習系統中），哪些資料是自己沒有處理過（在
暫存箱中），光是這個簡單區隔，就能為建立更穩固的學習系
統產生效率提升。

4-3

利用連結，
建立減少摩擦力的筆記系統

目標成果	建立精簡有效的連結，補足搜尋整理的漏洞
要解決什麼問題	如何不分類也能打造有流程的系統？ 如何管理一個龐大專案的大量任務與資料？ 如何讓連結不要混亂且真正可以使用？
下一步行動	☐ 練習把任務筆記連結到專案目標筆記 ☐ 為一個專案設計流程式的連結 ☐ 為一個知識研究主題設計流程式的連結
下一步連結	・設計筆記連結的技巧：〈2-2 保持動態演化筆記〉 ・利用連結統整資料：〈4-2 準備一個暫存筆記收集箱〉 ・處理當下就連結：〈3-1 防彈第一步：集中處理〉 ・以少馭多的專案目標筆記：〈2-2 保持動態演化筆記〉 ・用專案目錄以少馭多：〈3-4 由下而上建立目標筆記〉 ・更有價值的連結：〈3-7 建立有效的每日行動清單筆記〉

什麼是「生產力摩擦」？例如看到待辦清單上的一個行動，要執行時發現需要一些資料，於是打開自己的雲端硬碟開始把需要的資料找出來，但可能一下子又忘記資料放到哪個資料夾，於是在好幾個步驟後，花了不少時間才終於可以開始執行行動。或者，因為「好幾個步驟」的摩擦力太大，導致自己開始拖延這件事情。

在前面兩個單元中，防彈筆記法希望減少我們的整理步驟，不斷強調搜尋優先、建立任務筆記即可，但是有時候如果真的有些資料就是用搜尋很難找到怎麼辦？有些資料很多沒辦法擠到一則核心任務筆記中怎麼辦？一個大型的專案有很多任務筆記時怎麼辦？或是不同的任務筆記之間有彼此執行順序、互相參照關係時怎麼辦？

這些時候，防彈筆記法依然堅持不要過度整理，因為愈多分類只會增加愈多生產力摩擦，而減少生產力摩擦的一個可行具體技巧，就是善用「連結」。或許看起來不是什麼驚奇功能，但確實光是「設計好連結」，我們就能有效提升生產力。

連結，是數位雲端資料整理的關鍵功能，Google 文件之間可以互連，Evernote 筆記之間可以互連，Trello 有任務卡片之間的連結。Roam Research、Obsidian、Notion 則有自動反向（雙向）連結。透過連結，不同的數位工具之間也可以做出有效的串聯（例如在 Evernote 筆記中插入一封 Gmail 原始郵件的網址）。這些連結功能，都有助於更有彈性的知識庫整理、專案任務排程。

✎ 把資料、檔案，連結在任務筆記需要的行動後

　　就像〈3-1 防彈第一步：集中處理〉所說：「當我們能開始集中、處理，我的處理還能幫助自己當下建立某些明確的任務連結，這樣之後其實不用真的想起這個資料，而是在執行每一個任務時（因為任務是一定會執行的），自然看到當初連結的資料，自然就會去使用這個資料。」

> 連結，首先可以解決資料在哪裏，執行這個任務要用到什麼資料，在這個專案的什麼時候要使用什麼資料等等問題。

　　以我的 Evernote 筆記為例（但就算換到 Notion、Obsidian 等不同工具也是同樣邏輯），在核心任務筆記中整理，把需要使用的資料連結，插入到任務筆記中的行動清單，需要使用這個資料的行動後。

　　那麼是否有需要在資料筆記中，插入是什麼任務會使用的連結呢？純資料筆記中不用反向連結也沒關係，因為真正會使用

的是任務筆記，我們在任務的執行流程看到可以連結到什麼資料，其實就滿足需求了。

如同〈2-2 保持動態演化筆記〉所講到的：「真正的核心依然是任務筆記，所以我們要常常思考每一則知識與經驗筆記可以插入連結到哪一則、哪幾則的核心任務筆記、專案筆記中，如果這些知識與經驗不能在現在、未來的任務中被重複使用，是沒有意義的。」

不要讓生活被預設值影響：《生時間》讀書心得

☐ 測試書中方法（ 連結： 《生時間》讀書筆記）

☐ 設定問題情境

☐ 列出大綱

☐ 撰寫開場

☐ 撰寫教學

☐ 設計題目

☐ 上架文章

- 參考：（連結 提升活力的策略筆記）
- 不要讓生活被預設值影響
  - 馬不停蹄：有事情進來就去做，忙個不同
  - 萬丈深淵：永遠有更新內容的 App，不斷分心

- 小心時間的隕石坑
  - 一個小小的行動，可能連帶許多時間的浪費
- 小心偽勝利
  - 有些事情讓你感覺做了事情，但卻犧牲了處理那些真正精華事情的時間

✎ 用連結整理不同任務筆記的執行順序

如果系統中有很多任務筆記，這時候連結可以解決任務主從次序的問題。例如在一個大任務下，排程出行動清單，其中某些行動要要延伸到另一個子任務獨立執行，就可以利用連結，把任務的主從次序建立起來。

如果執行某一個任務的時候，需要參考另外一個任務的經驗、進度，這時候也可以利用連結。例如這個任務執行到最後驗證階段時，需要前一次任務的驗收經驗做為參考，就可以在驗證行動中，連結之前的任務，讓自己記得可以去作參照。

但這樣的連結，並非無限制的關聯。一旦我們無限制地進行連結，反而連結很容易愈來愈亂。

「主從次序」、「某個行動要參考經驗」,都是有明確的「使用需求」,是在某個步驟確實需要連結到另外一則任務,才建立這個步驟後的明確連結。

我搜尋「拖延」關鍵字,自然會找到自己寫過的克服拖延文章、時間管理課程中的拖延演練、讀過的拖延相關研究書籍,這時候,我有需要在這些文章、課程、書籍之間建立連結嗎?我認為不一定必要,反而搜尋出的結果更有彈性。因為這些資料之間只是有相關性,但並非有主從、行動關聯。

如果在這個資料的某一部分,明確需要引用、使用另外一則資料時。例如我在規劃一個新的課程大綱,其中某一個段落要演練建立行動清單的技巧,而這一段技巧可以明確的參考我寫過的幾篇行動清單文章,這時候,就可以建立連結。

✏️ 用連結建立專案目標筆記的目錄、入口

當我們有大量的任務、專案、資料筆記要整理時,與其分

類，不如利用連結建立一個主控目錄，這則主控目錄連結到專案下的所有任務、資料筆記，並且在主控目錄中利用連結排出順序，甚至排出專案流程。

這樣一來，連結可以用來作為龐大資料的專案排程。連結也可以幫我們簡單建立一個自己需要的目標統整視野。

例如我們在〈3-4 由下而上建立目標筆記〉提到的專案筆記範例，這時候如果這個專案也需要管理很多其他任務筆記，就可以利用連結，將其他任務筆記連結到專案目標筆記中，從此就可以在專案目標筆記管理所有下一層的連結任務、資料。

(新書目標) 防彈筆記法

- 書名
  - ☐ 防彈筆記法：簡單輸出式筆記架構，保護高產出、高效能心流
  - ☐ （連結：防彈筆記書名討論任務筆記）
- 目標
  - ☐ 如何應付別人的子彈攻擊，在別人攻擊下，不影響自己的工作流程與效率。
- 目標讀者

- [ ] 不會做計劃，想到要規劃目標就頭痛，不知道未來到底要什麼的朋友，從寫筆記開始，去建立可以逐步成長的防彈筆記系統。
- [ ] 寫了很多反省日記，但真正對未來目標有幫助的卻很少的朋友，練習真正有效覆盤的防彈筆記技巧。
- [ ] （連結：防彈筆記市場分析任務筆記）
- 要解決的問題
  - [ ] 獨家活動：限量牌卡（連結：防彈筆記牌卡設計任務筆記）
  - [ ] 設計線上讀書會（連結：防彈筆記讀書會任務筆記）
  - [ ] 其他行政流程（連結：防彈筆記行政流程筆記）

　　這樣建立起來的專案目錄筆記有一個很大的好處，就是可以以少馭多，如果說需要處理的任務都連結到他們相關的目標筆記中，那我們就只要管理好目標筆記即可。本書在〈2-2 保持動態演化筆記〉提到：「盡可能把所有的核心任務筆記都跟某些專案目標筆記做連結。最後會產生這樣的結果，如果我有 1000 則任務筆記，但他們可能只是關聯到 10 個專案目標筆記，這時候，我可以專注在這 10 則專案目標筆記進行管理就好，是不是一瞬間輕鬆很多？」

而且專案目標筆記其實也不需要複雜的設計，這些連結只要同樣依照專案的執行順序排序即可。我們在〈3-4 由下而上建立目標筆記〉說過：「任務、專案筆記中最好的排序，就是優先次序與行動清單。當然，這些任務碎片、筆記連結進入專案、目標筆記後，不是隨便亂放，但也不需要很複雜的架構整理，在一則專案目標筆記中，我只要把握下面的整理原則而已：排出優先次序、排出下一步行動清單」

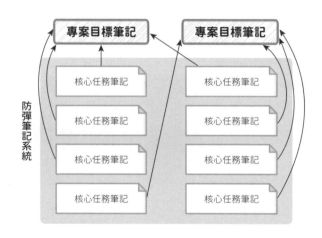

✎ 隨手連結，節省設計連結的時間

我們要隨手建立連結，而不要刻意花時間整理連結。不要想說我每天要空出 30 分鐘，好好把今天出現的各種資料、任務，重新整理出完整的連結。這樣做，一方面人有惰性作不到，二方面其實很浪費時間，反而產生很多不必要的連結整理。

　　隨手建立連結，意思是當我在處理一則任務筆記，執行了某個行動後，發現下一個行動需要一個資料，隨手就建立連結。

　　隨手建立連結，意思是當我建立了一份資料，確認一下是哪個任務的哪個行動需要，隨手就建立連結。

　　不用擔心自己會漏掉什麼連結，想到時再補上連結也沒有什麼不好，因為搜尋功能很好用，第一次尋找到後把連結建立起來也可以。於是逐步的，我們的筆記系統、任務系統中，就會建立起下一步行動需要的連結，幫助我們快速在執行時找到資料、延伸任務。減少生產力摩擦，也節省整理的時間了。

　　就算無法做到隨手連結，那麼利用〈4-2 準備一個暫存筆記收集箱〉暫存收集箱的概念：「關鍵就是，把這些暫存的檔案、郵件、對話、資料內容，利用每週要列行動清單的時機，或是每隔幾日的空檔，做好需要的歸位、連結，尤其要和他們需要的專案、任務筆記連結。」

✎ 和魯曼與《卡片盒筆記法》學高效率的 流程式連結

　　這幾年，《卡片盒筆記法》把筆記連結的效果發揚光大，不過卡片盒筆記法也有特別強調其所謂的筆記連結，並非是要建

立一個像是維基百科那樣的網狀連結系統,那麼,什麼樣的連結設計是更有效的呢?

首先,「連結」應該是核心任務筆記、永久型任務筆記、專案目標筆記,以及知識經驗筆記之間的連結(如果以防彈筆記法的筆記分類來看,可參考〈2-2 保持動態演化筆記〉),至於「暫時的筆記」最好不要納入連結系統。

「暫時的筆記」應該這樣處理:

 合併成正式的任務筆記:發現有幾則暫存筆記其實都在想同一個問題,就合併在一起。

剪貼到原有的任務筆記:發現這則暫存筆記,跟某幾則筆記相關,但又有不同,不要擔心,就拆開內容放入不同相關筆記中。

不要連結:因為我們現在面對的只是暫存筆記,讓這樣的筆記去做連結,會變得很零散。

而核心任務筆記、永久型任務筆記、專案目標筆記,以及知識經驗筆記之間,則可以建立「流程式的連結」,這樣未來的使用效果是最大的。

這是一個很重要的提醒，我看過許多利用 Obsidian、Logseq、Roam Research 等工具建立起來的「網絡狀知識庫」，真的就只是一個連結很繁複的維基百科式資料庫而已。他們的連結常常是建立在許多相關的關鍵字上面，於是就有了看起來很屬害的蜘蛛網圖譜。但是，這剛好不是魯曼想要建立的卡片盒系統。，其實「相關的關鍵字」這種連結，根本不用手動建立（甚至最好不要手動建立，因為人無完美，搜尋有時候更深入），如果你使用數位筆記工具，搜尋相同的關鍵字就能找出來了。

我們真正需要手動建立的是流程式連結的「強連結」，是知識脈絡的連結、工作順序的連結，大致上可以有三種連結可能：

📎 **這個知識主題（任務專案），是來自哪個上一層知識主題（任務專案）的子題目、子問題、子任務。**

📎 **這個知識主題（任務專案），到了哪一個段落還有未解問題、未完成進度，要延伸到下一層知識子題目（任務專案）繼續拆解、執行。**

📎 **在這個段落、行動，需要參考另一個知識主題，作為輔助思考的參照。或是需要參考另一個任務專案筆記，作為經驗參照。**

防彈筆記認為無論知識型、工作型的筆記，建立上面三種流程式連結足以。

而像是〈3-7 建立有效的每日行動清單筆記〉提到的每日行動清單，也是一種終極的流程式連結：「透過這樣的方式建立目標導向的每日行動清單，這些行動來自於不同的核心任務筆記、專案目標筆記，只要建立起之間的連結，就能很好管理。這也是我認為筆記更好的連結方式，是行動的連結、輕重的連結、價值的連結。」

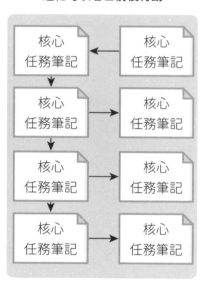

誤把筆記連結成維基百科
還不如搜尋！

根據流程連結出可執行系統
連結可以看出前後行動

4-4

更新而非新增筆記，
讓系統更穩固

目標成果	用更新取代新增，減少整理，系統更健康
要解決 什麼問題	打破一直新增資料，一直整理資料的惡性循環？ 為什麼我們的資料會一直增加？ 要如何持續的讓筆記保持更新？
下一步 行動	☐ 練習每天更新 10 則以上的任務筆記 ☐ 練習把幾則日記合併成一則生活任務筆記 ☐ 練習持續更新一則主題思考筆記
下一步 連結	・累積、修改出目標，而非規畫出目標：〈1-1 防彈筆記，如何改變生產力〉 ・持續更新的筆記系統：〈2-2 保持動態演化筆記〉 ・分類更少更穩固的筆記系統：〈2-3 打造永久型任務筆記〉 ・一則筆記管好不斷變動資訊：〈3-1 防彈第一步：集中處理〉

如果我們一直新增新的筆記，我們就有永遠整理不完的筆記。但是如果我們是持續更新任務筆記，那麼任務筆記原本已經有整理或連結，不需要重新整理，於是我們反而可以更專注在寫筆記，而不用浪費時間在反覆整理。

我仔細算了一下，自己每天平均會更新 30 則以上的舊有筆記內容。那麼我每天新增幾則筆記呢？我算了一下自己 Evernote 有 14000 多則筆記，但已經使用了超過 15 年時間，所以每天我大概只有新增 2~3 則筆記而已。不是每天新增 30 則筆記，而是每天「更新」30 則舊有的筆記，我想這是多年來防彈筆記幫助我建立個人知識庫、專案任務筆記系統可以維持一個穩定、有效、容易使用的關鍵原因。

✎ 更新工作上的大專案、小任務流程式連結

這應該是比較好理解的，例如當我開了一場會議，會議當中有一些重點交辦，或是拿到一些有用的文件，這時候不是另外開一則會議紀錄的筆記，而是問自己：這是哪一個任務需要的交辦與文件？搜尋該任務的關鍵字，找到該任務之前既有的筆記。然後就直接開啟該則任務筆記，把重點交辦或文件更新到

筆記中適合的位置。例如這項交辦是該任務後期行政流程要注意的事項，就更新到筆記中原本拆解行政流程的位置中。

利用這樣的更新（而分新增）的筆記法，工作上的專案、任務筆記中的架構就會愈來愈完善。在執行過程中出現的臨時細節、雜亂資料，都會變成是完善我們這個專案的輔助，而我們用一則簡單清楚的專案、任務筆記就能管理好他們。

甚至在這樣的過程中，我不斷把新出現的碎片、想法，每一次都主動更新到他們要解決的專案、任務筆記中，也會幫助我就算一開始沒辦法規畫好這個專案，也會在這樣的過程中逐步調整好這個專案更有效的執行架構。

✎ 更新生活中的經驗筆記

工作上有明確的專案、任務可能好理解，但生活中的累積與學習，有時候感覺就是每天隨機發生的，這時候又怎麼更新回既有的筆記呢？這時候可能會出現這樣的情況，例如我可能想要協助還在幼兒階段的孩子練習如何自己上廁所、如何自己整理上學用具與穿好衣服、如何自己整理好玩具等等，一開始，我可能也會分散寫成好幾則不同的筆記。

每次想要跟孩子一起練習什麼新習慣，就開始新增一則筆

記，一開始有點像是一種生活日記。但是慢慢的，某一個時候我看著這些筆記，可能會意識到「這其實是在練習幫助小孩可以有獨立自主的習慣」，我發現這些不同的練習，背後可能有一個自己更想協助孩子解決的大問題。

於是在這一刻，我會把之前那些分散的新習慣筆記統整起來，或許合併成同一則，或是連結到一則管理筆記，於是現在我有了一則「讓孩子練習獨立自主習慣」的統整筆記，上面有過去筆記的內容或連結，而未來任何跟獨立自主有關的新習慣、新想法、新發現、新問題，都開始在這則統整筆記上優先更新。

生活不一定是零散的雜事，可能只是我們沒有為自己的生活找到目標與任務。

而當擁有一則「讓孩子練習獨立自主習慣」的統整筆記，和寫下各種習慣的分散日記之間的區隔在於幾點：在各種生活瑣事中累積系統性的觀點、想法與方法，而不是一直在新增零散的瑣事。讓生活中的突發想法有目標化的落腳處，要不然在零散筆記中的想法以後也用不到。有了目標化的統整筆記，可以提醒我們

有意識的去注意這個問題，有了問題意識，這時候，你才會發現生活中很多細節都跟我們解決問題有關，於是筆記又可以不斷更新。

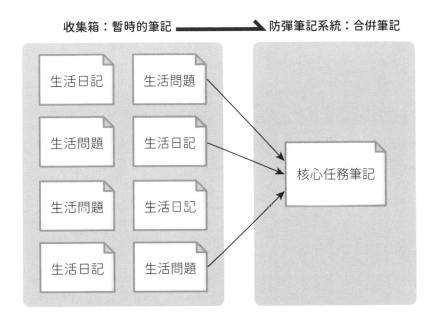

✎ 更新學習筆記、思考筆記、寫作筆記

我想自己有點幸運的是多年來一直持續的在電腦玩物部落格中寫作，這個沒有間斷的習慣，幫助我一開始在整理學習筆記時，就是以「輸出」為導向。

當我萌生某些想法、方法或可能可以試試看的技巧時，或是

當我閱讀某些書籍看到重點、產生新的思考時，如果這些內容無法跟前面的工作、生活任務進行連結（例如一時之間不知道要運用在哪個工作上，或是要解決哪個生活問題），那麼起碼可以跟我要輸出的「文章」產生連結，我的文章通常是要解決某個問題、探討某種方法、研究某種工具，於是這些新發現的內容就可以更新到這些適合的文章主題的筆記中。

如果找到相關筆記，我會把這些新的想法更新到原本的那一則筆記中，讓原本某個問題思考的筆記愈來愈穩固，而非不斷新增新想法而讓筆記愈來愈零散。

有時候，也可能像生活任務那樣，一開始累積了兩三則不同情境問題的想法筆記（文章筆記），但後來發現他們背後其實是一個共通的問題，這時候就可以合併或連結在一起，從共通問題的角度重新思考結構，並繼續未來可能的更新與累積。

在這樣的過程中，往往一開始不是想得很清楚的內容，透過持續的更新，甚至跟其他筆記進行收斂統整，就產生了一篇自己滿意的文章題目，而背後也是一個自己清楚想過乃至於實踐過的方法系統。

還有一點非常重要，當我們開始更多的「更新」既有的筆記時，就代表：

✎ 我更有意識的關注已經發生在自己生活、工作上的事情。（所以才能更新新內容到舊筆記中）

✎ 我經過思考才寫下筆記，因為要更新、連結、統整，表示內容一定經過思考才做得到。

✎ 我開始從目標的角度去解決問題，而不是從資料整理的腳度以為能解決問題。

　　而這就是防彈筆記要達到的保護生產力、提升生產力效果。

　　甚至在這樣的不斷更新中防彈筆記的系統會更穩固完整，因為我們將會有愈來愈多的任務筆記累積了足夠的最佳化經驗，成為我們的「模板」，之後有類似任務，套用這些模板，生產力就可以大幅提升。

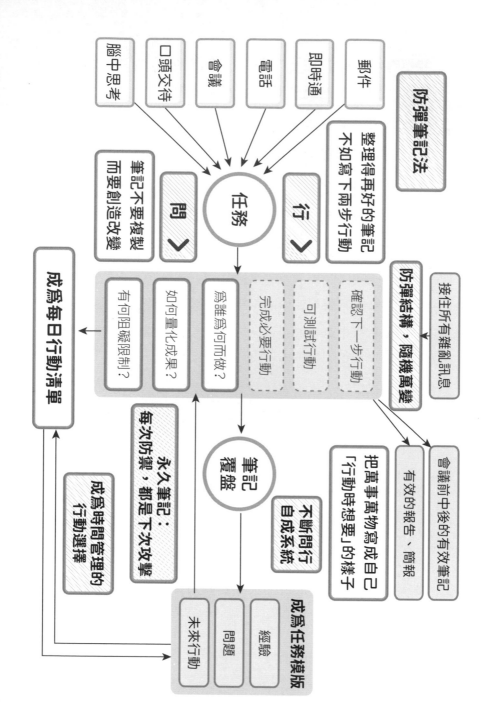

4-5

設計筆記的
使用行動情境

目標成果	建立價值判斷、行動判斷的有效分類
要解決什麼問題	解決某些需求無法用搜尋找到的情況？ 讓系統有序最有效的分類整理邏輯？ 建立的分類如何真正可以被未來使用？
下一步行動	☐ 判斷某一類型的任務筆記有哪些進度安排？ ☐ 判斷某一類型的任務筆記有哪些使用情境？ ☐ 利用數位筆記的標籤設計行動分類
下一步連結	・把整理變成決定行動：〈1-2 防彈筆記，解決哪些關鍵問題？〉 ・用行動設計取代傳統分類：〈4-1 為什麼要清空大腦與建立第二大腦？〉

✎ 如果真要分類，唯一要分類的是行動

在〈1-2 防彈筆記，解決哪些關鍵問題？〉中提到：「在防彈筆記法中要提出一套不一樣的整理邏輯，他跟表格、分類、收納無關，而是跟決定我們如何行動有關。我們永遠找不到一種最好的分類方法，但我們只需決定自己要如何行動即可。」

如果說一個管理系統只是依靠搜尋、連結，以及建立核心任務筆記的邏輯，沒有其他分類整理，會讓你趕到某種不安，還是希望筆記、任務有個分類，那麼「防彈筆記法」優先建議我們執行的分類是「價值判斷」、「行動判斷」的分類。

什麼是「價值判斷」、「行動判斷」的分類？

能夠下好關鍵字就能在未來搜尋到的需求，就不需要分類。每一個分類動作都是多花掉我們的整理時間，而不需要、用不到的分類就等於浪費時間。

例如我們建立了很多「食譜」筆記，我們會在筆記中註明這是哪一道菜，我們會在筆記中條列需要的食材。那麼，請問「搜尋」菜的種類名稱（如義大利麵、麵包、蛋糕等等）、食材名稱（例如豬肉、牛肉等等），會不會找到相應的食譜清單？當然會，因為有這些明確的關鍵字在筆記中。

　　那麼，這時候我們需要根據食材建立分類或標籤，或是根據料理的種類名稱，另外下「Tag」來分類嗎？無論是在 Evernot、Notion 還是 Obsidian 這些工具中，都可以不需要這麼做，因為搜尋關鍵字就能過濾出來的東西，我們何必還要自己手動去分類。

　　例如我用「高筋麵粉」搜尋，找出有包含這個食材的相關筆記，搜尋關鍵字就能找到了，何必下標籤或分類。

　　所以，我們要用分類去設計無法用搜尋關鍵字找到的需求，通常是「進度安排」、「使用情境安排」的需求。

防彈筆記系統

關鍵字

搜尋就能找到
需要的筆記

核心任務筆記

核心任務筆記

核心任務筆記

核心任務筆記

核心任務筆記

核心任務筆記

核心任務筆記

核心任務筆記

人要進行判斷

進度安排

使用情境安排

例如上述的食譜筆記，可能要分類的不是用什麼食材做，也不是是哪種料理類型，而是「哪些我很會做」，但有「哪些我還在練習」。

📎 進度安排：

- 「我很會做」：表示已經完成、已經學會的進度。
- 「我還在練習」：表示進行中、準備中、尚未完成的進度。

📎 使用情境安排：

- 「我很會做」：那就是要辦聚餐時，我可以拿出手的好菜清單，是我會邀請他人來家裡時，會需要打開來挑選幾個食譜的需求。
- 「我還在練習」：那就是平常周末自己想要玩玩料理，可以打開來挑選一兩道練習，自己拿來嘗試，失敗了反正也只是家人買單。但練習成功，就可以替換成「我很會做」的分類。

　　這樣的分類，我們才會常常拿出來「使用」。而且這樣的需求，搜尋關鍵字找不到，必須「我自己判斷」。

✏️ 利用數位筆記中的標籤 Tag，做行動

判斷分類

無論 Evernote，還是 Obsidian，甚至是 Notion 這些擁有標籤（或類似標籤）功能的數位筆記工具，都非常推薦大家利用這樣的方式來制定自己的行動判斷分類。

我會在「工作、生活中的目標專案筆記」上面，加上三種標籤之一，代表這些目標專案目前的進度：

✑ 每日推進

- 通常大約會有 20~30 則筆記加上這個標籤，代表我在目前人生當中隨時都應該推進的幾個目標。

✑ 企劃醞釀

- 通常大約會有 60~80 則筆記加上這個標籤，代表我正在醞釀中的各種企劃、專案，但還沒有排上時程真正開始推進。

✑ 定期追蹤

- 已經完成，但偶爾要追蹤一下的某些專案、任務。

這時候，這樣的標籤其實就是變成「我的工作流程判准」，我每天要優先打開「每日推進」這個標籤，並處理其中的專案。行有餘力，打開「企劃醞釀」的標籤，把企畫中的事情再推進

一兩步，讓其有機會進入每日推進的排程中。

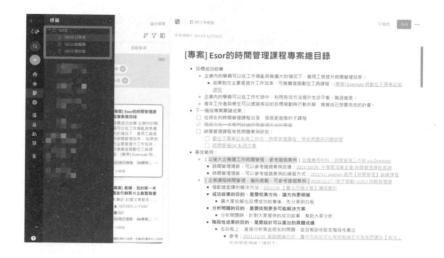

　　針對我自己一直持續進行的「電腦玩物寫作目標」，我設計
了三種標籤來管理我的寫作流程：

撰寫完成

- 進度超過 50%，並且想法已經抵定，就是要花時間
  最後寫完的文章。當我有一些比較正式的專注時間
  時，我會打開「撰寫完成」標籤，推進這些即將寫
  完的文章進度。

測試研究

- 需要用一些數位裝置測試的工具，需要實踐一下的
  方法。當我有一些零碎時間，但腦筋轉不動時，我

會打開「測試研究」標籤，推進這些需要先測試看看（動動手就好，不一定要動腦）的文章進度。測試到一定階段，這些文章就可以轉換成「撰寫完成」標籤。

思考動腦

- 需要想清楚方法論，需要解析問題的文章題目。當我有一些零碎時間，而且腦筋可以轉動，我會打開「思考動腦」標籤，推進這些需要動動腦的題目。解出一定程度答案，這些文章就可以轉成「撰寫完成」標籤。

真正好用的分類標籤，可以告訴我在目前的空檔時間中，我可以採取什麼更好的行動。真正好用的分類標籤，應該是一種真正有效的標注，並且跟著任務筆記的執行狀態而改變，從而幫助我追蹤需要的執行狀態。

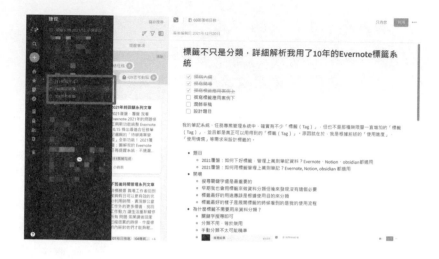

　　針對生活中的任務，我也會建立許多生活中想要執行的興趣、想要學習的技能的筆記。這時候我建立了三種標籤來管理這一類筆記：

📎 兩人時間

- 有些事情是可以跟另一半一起完成的，這樣的筆記我就加上這個標籤，當出現適合的空檔時，打開這個標籤，就可以選擇想要推進的任務。

📎 一人空閒

- 有些興趣只有我自己有興趣，例如我自己想讀的書，我就加上這個標籤，當出現我一個人的空檔時（例如上完課回程的高鐵上），我就打開這個標籤，選擇一件事情來推進。

✎ 想和孩子一起做

- 有些娛樂、學習是可以和孩子一起做的，我就把這樣的筆記加上這個標籤，現在你應該知道我什麼時候會打開了吧？

關鍵就在於，標籤的區分根據我想要的使用情境來分判，這才會是找出我需要的筆記的好方法。

其他數位筆記，例如在 Notion 中，一個專案應該就是一個頁面（Page）或資料庫（Database）可以管理好，例如下圖這樣，如果是 Notion，我應該會建立一個叫做「烘焙專案」的頁面，然後在頁面中插入各種跟這個專案有關的筆記，在頁面中插入一個資料庫管理所有的烘焙食譜。

然後資料庫中的各種烘焙食譜，就用我上面說的邏輯，加上「練習食譜」、「好吃食譜」等標籤。

✏️ 最好的分類，是看到我們的工作流程

本書〈4-1 為什麼要清空大腦與建立第二大腦？〉提到：「傳統的資料分類方式，其實反而會變成清空大腦過程的另外一種阻礙，這個阻礙導致我們往往花了很多時間分類資料，但最後還是忘記自己把資料分類到哪裡。所以徹底的清空大腦，應該是要連分類這種需要記住的東西都清空！」

我希望打開標籤或分類清單，看到的是「我最重要的工作流程」，而不是一堆屬於資料的分類。

當擁有了這樣的分類系統，會帶來幾個管理大量筆記的優點：

- 🔖 **透過進度、使用需求的標籤，過濾出那些現在要執行的任務筆記，因為這樣的需求是搜尋找不到的。**
- 🔖 **下標籤的過程，就是我們做為一個人，「主動判斷」任務重要性、執行時機的過程。**
- 🔖 **標籤不會無限制擴張，因為使用需求就是那幾種。**
- 🔖 **展開標籤分類清單時，看到的不是分類，而是我的工作流程。**

而且這樣的分類整理系統，不需要因為資料不同而調整，因為人的工作流程、生活流程更容易保持一致性，於是可以在最少整理情況下，最有效使用我們的筆記。

Part 5

防彈筆記的
應用

防彈筆記如何設計
累積型的年度目標

目標成果	從一個小問題、小需求出發打造年度目標
要解決 什麼問題	總是由上而下設計出不切實際的年度目標？ 每年的年度目標都美好而無法實現？ 其實腦袋根本沒有任何目標的想像與想法？
下一步 行動	☐ 從一個生活、工作問題開始你的目標筆記 ☐ 為小問題設計一個有價值的階段成果 ☐ 把共同目標筆記連結在一起並安排次序
下一步 連結	・累積型目標：〈1-2 防彈筆記，解決哪些關鍵問題？〉 ・先累積執行才有目標：〈3-5 打造內在循環的覆盤筆記〉

　　前面四個章節分別解析了「防彈筆記」的效果、原則、流程與整理方法，透過寫筆記來接住四面八方向我們攻擊而來的子彈（那些任務、雜事、資料、想法），建立核心任務筆記，打造出保護生產力的工作流程。但是如果我們想要規劃出自己的新目標、新計畫時可以怎麼做呢？

　　其實，任何新目標與新計畫都不可能是憑空想像出來的，也一樣是從自己生活、工作中遇到的問題而產生出想要改變的想法，因為自己人生中的需求而發展出想要實現的願望，這就是說我們依然是先從「防彈筆記」接住這些問題與需求開始，才能發展出有效的年度目標。

　　「防彈筆記」以保護生產力為前題，而那些只是因為新的一年開始所以全新設計的目標其實是最容易消耗自己精力、注意力的目標，這些新的年度計畫不只通常很難實現，更有可能在實現過程發現好像沒有真正改變我們自己，但是已經有許多時間消耗在上面。

　　所以在「防彈筆記」的延伸應用中，讓我們來試試看一種「累積型」的年度目標規劃方法，他依然是從防彈筆記的接住各種雜訊、想法、問題開始，好好拆解這些我們真實遇到的事情，透過覆盤的修正累積，最後他們反而更有機會發展出健康的、有力量的年度目標。

就如同在〈1-2 防彈筆記，解決哪些關鍵問題？〉所說的：
「防彈筆記要把設定年度目標的方式反過來做，不需要每年都
很有儀式感的設定新目標（雖然這個儀式感有些效果），而是
透過平常的累積，打造目標的基礎，而所謂的目標是在這個累
積基礎上的新突破而已。」

✎ 爲現在的問題，設計長期目標

防彈筆記不是說不要做年度目標規劃，只是不要變成像是購
物買新東西，滿足的往往只是當下的新鮮感，新買的東西卻可
能造成更大的浪費。這些「新買的」年度目標不僅實現的機會
不大，甚至可能變成我們明年的挫折與壓力。想想看，我們要
做的事情都做不完了，還要透過新目標來逼自己做更多，而做
不到時又更挫折嗎？

但是，什麼都不改變，當然也是絕對不行的。或許我們需要
的不是又一個全新的年度目標，而是：「為現在，找到目標」，
可以有三個方向：

✎ 如何解決已經存在的問題？

✎ 如何把原本要做的任務做得更有價值？

✎ 如何為想要的東西，先創造簡單但有價值的成果？

關鍵在思考的順序，從我有的地方，去創造我沒有的東西。以及在擁有夢想的同時，也充分的考慮自己目前的現況。

讓我們來舉一個真實的例子，在 2020 年新冠疫情剛剛開始的時候，為了預防可能需要的居家上班、居家隔離的狀況，我開始從這個「具體問題」發展出一則暫時的筆記，列出我打算準備的一些生活用品、儲備食物、常備藥品清單。

但是從這樣的暫時筆記出發，我們可以透過〈3-2 三個問題、三種行動轉化筆記〉的拆解，進一步延伸出真正要解決的問題？想要創造的成果？以及我可以推進的行動？於是我開始思考這樣的居家應變準備，其實背後的目的是家人都健康平安，而這時候或許也應該利用初期的階段，開始讓家人有更健康的生活，例如養成一些在家運動的習慣。

於是，這則筆記開始從暫時的筆記變成「核心任務筆記」，加入了一個更明確的任務成果：養成疫情期間在家運動習慣，並且開始規劃與記錄如何養成運動的行動。

關鍵在於這不是憑空想像的願望，不是單純的想要顧好家庭關係、想要運動、想養成閱

讀習慣、想讓工作更有效率等等。而是先從
「切身的問題」出發，去想像自己要怎麼解
決，然後發展出來的具體長期成果。

如同〈3-5 打造內在循環的覆盤筆記〉〉所説：「防彈筆記
讓我們不需要被先做計劃這種很有壓力的思維壓垮，有時候這
反而讓我們以為沒做好完整計畫就不能去做。但是，一點點有
效的計畫還是需要的，只是計畫不是來自我們的憑空想像，而
是來自前面集中處理後產生的核心任務筆記，我們在筆記中用
三個問題、三種行動拆解目前接收到的內容，這就是一個可以
立刻開始執行的小計畫。」

✎ 在變動過程累積，發展出眞正的
年度目標

很多時候年度目標的方法會要我們去想像十年、五年、一年
後的自己，但其實自己是會一直變動的，也應該一直變動。所
以除了想像自己未來，説不定更好的方法是把現在要做的任務
做得更有價值，這樣原本的任務其實就變成目標意義的計畫了。

後來疫情開始發酵，於是真的開始要居家上班，小孩也要開始遠距上課，這時候前述養成疫情期間在家運動習慣的成果就發揮了幫助，但這時候這則「核心任務筆記」可以繼續發展加上新的成果，也就是如何設計大人小孩居家生活的流程，以及如何幫助自己居家上班維持效率，如何陪伴孩子居家上課繼續學習。這時候我並沒有因此另外建立一則新筆記，而是把這些同一個問題出發產生的新成果，陸續添加到原本的筆記中，這則筆記開始變成「專案目標筆記」。

當然，疫情準備物品、在家運動習慣、居家上班上課流程、自學練習等等會有很多資料，這時候全部擠在一則筆記上是不可能的，但這則「專案目標筆記」是總指引，再用〈4-3 利用連結，建立減少摩擦力的筆記系統〉的方法把延伸出去的知識經驗筆記（重要參考資料）、子任務筆記連結過來即可。

這樣的累積型目標還有一個效果，就是可以聚焦我們的精力與注意力。

不會是一大堆的分散目標，而是統整在像是「疫情期間更好的生活計畫」的大目標下，去彼此連結、互補、調配關於飲食、運

動、學習、工作、休閒休息的各種需要。

如果能夠讓多個問題、多個現有資源，最後連結成一個新目標，那麼我們就可以真正專注在這個目標上，全力投入，因為我們也只有這樣的時間跟精力。但是這樣推演出來的連結目標，雖然少，但背後卻可以牽動多個我真正需要的問題解決，也能發展我已經擁有的資源。

✎ 更好管理、容易實踐的年度目標

這樣的一則筆記持續進化的過程中，讓目標筆記是一則統整的永久筆記，有很多好處：

✎ **以目標為單位，筆記愈統整愈好，這樣就可以讓我們明確知道各種不斷出現的新資料要去哪裡找。**

✎ **要解決的具體問題一個一個出現，但都統整在這則目標筆記，於是這則目標筆記可以成為這兩年來各種經驗與成果的最佳管理中心。**

任何資料本身都是死的，甚至任何想法與規劃如果零散混亂也通常會失去使用的生命，用「目標結構」才能帶出這些資料與想法的生命力。而筆記則可以編排出我的目標需求與行動結構，讓資料放入我的需求與行動情境中。

從上面例子可以看到，在這則筆記下我關注的大概是幾個成果，於是我就將其整理成這則目標筆記的需求結構：

1. 為了因應居家防疫，可能要準備那些東西？

2. 為了因應孩子遠距上課，我要居家上班，要如何規劃安排？

3. 為了幫助家人都盡快接種疫苗，需要哪些資料？

4. 為了對應如果家人要隔離或確診，需要知道哪些資訊？

這些需求結構可以根據需要隨時調整結構的順序（用簡單複製貼上即可），例如下一階段的順序是：

1. 為了因應孩子遠距上課，我要居家上班，要如何規劃安排？

2. 為了對應如果家人要隔離或確診，需要知道哪些資訊？

3. 為了因應居家防疫，可能要準備那些東西？

4. 為了幫助家人都盡快接種疫苗，需要哪些資料？（因為已經解決，所以排在最後，之前則排在最開頭）

這時候，只要這段期間又發現了什麼可以讓孩子停課在家時，可以學習或遊戲的資料，或是學校提供了一個線上教材影音網站、給了一個遠距上課資料，這些資訊就可以放入前面對應的「遠距上課」成果下。

在長期目標的執行過程會有許多資料是一直出現新版本要取代舊版本的，也會有許多資料現在出現是為了未來有需要時才要用的。這些資料如果只是疊加上去（這是我看到大多數朋友在收集資料、做筆記時常犯的錯，就是各種資料不斷新增，最後反而失去使用邏輯），就算把這些資料都丟在一個特定的分類結構中，還是會非常混亂，所以我有下面這樣的做法：除了聚焦目標、定義成果外，更要拆解出行動流程。然後，讓資料跟著行動流程走，在行動流程上更新。

防彈筆記中一則年度目標筆記變化的過程是這樣的：

📎 筆記，是一個不斷進化的生命體，一開始或許只是為了整理一個小資料、解決一個小問題，接著一些類似的資料與問題開始出現，我們就可以開始定義「目標」，鎖定共通的目標，於是筆記與資料開始有了焦點。

📎 接著，我們開始定義一個目標下，我想要解決的不同問題，或是想要達到的不同階段成果，只有自己定義出自己的需求，筆記才能開始出現具有生命的結構，而這時候那些零散片段、不斷變動的資料才會開始有了定位（定位應該是我自己的需求結構）。

📎 而要讓筆記不要淪為記錄，是真正可以使用的永久筆記，那就要展開每一個成果下的行動流程，用「如何

最佳化流程」可以讓我把目標、成果完成得更好來思考，那麼這些資料就可以跟著行動流程去整理，也就有了反覆有效使用的生命力。

最後，把自己真實的故事與經驗寫進去，這是比外部資料更寶貴的東西，他不只會讓我們的筆記更有趣、更有動力，還可以幫助我們更有效的調整自己的流程與結構，最後這則永久目標筆記，變成自己真正反覆使用的永久筆記。

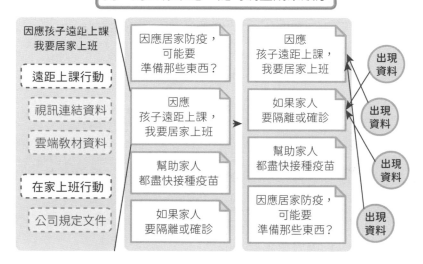

同一則目標筆記，隨時調整成果順序

5-2

防彈筆記
如何打造家庭目標

目標成果	透過經驗覆盤修正建立自己的生活、家庭目標
要解決什麼問題	生活中都是瑣事如何成為目標？ 感覺生活中一大堆問題，怎麼給自己目標？ 生活中似乎都是一堆流水帳，目標在哪裡？
下一步行動	☐ 練習利用生活日記的覆盤發展出目標
下一步連結	・把生活日記變成目標筆記：〈1-2 防彈筆記，解決哪些關鍵問題？〉 ・目標的關鍵在拆解思考：〈3-4 由下而上建立目標筆記〉 ・先有經驗反省才有目標：〈3-5 打造內在循環的覆盤筆記〉

〈1-2 防彈筆記，解決哪些關鍵問題？〉 中我們提到其實從生活瑣事有技巧的日記撰寫，也可以發展出真正的目標筆記：「不只是寫日記，而是要寫覆盤式的日記、目標化的日記。我們不只是要透過筆記記錄生活，而是要透過防彈筆記來發現生活。」

這時候可以怎麼做呢？或許很多朋友開始想説是不是有什麼很厲害的日記格式？還是要痛苦的養成寫日記習慣？其實都不是，防彈筆記不想要給自己太多的格式限制，甚至在〈3-4 由下而上建立目標筆記〉中認為：「目標專案筆記的架構關鍵在：複雜的表格、架構，如果可以不做，我就盡量不做，尤其不要為了看起來美觀或整齊而做，更不要只是為了整理資料而做。」

真的不需要什麼厲害的日記格式，我們就可以把生活瑣事寫成有效的目標筆記嗎？真的可以，反而是原本追求漂亮格式、厲害系統的我們把事情想得太複雜，然而太複雜反而讓我們更難做到。

唯一需要的練習就是覆盤的思考，〈3-5 打造內在循環的覆盤筆記〉所説：「最大的問題是要反省經驗，就要先有經驗可以反省。但經驗不是做過就會有的，因為做過，跟記得自己做過什麼，實際上是兩回事。就算我們想要檢核自己的任務，但

是如果前面沒有對任務做好步驟紀錄，沒有把任務過程中產生的問題，跟自己的想法隨時筆記下來，那麼就算任務結束的時候想要做一個反省，基本上我們根本已經忘記了任務執行過程中的那些關鍵細節。」

這邊就舉一個實際從生活瑣事發展成目標的例子，提供大家參考。

很多年前，我有一個生活中的小小煩惱是：「希望晚上回家後，可以擁有更多自己的時間，來實現我的寫作、課程計畫。」但那時候遇到的問題是回家後小孩常常要到晚上快 11 點才入睡，陪伴孩子入睡後往往自己也到了睡覺時間，難以推進寫作與課程工作。

但是到底要怎麼才能夠擁有更多自己的時間，其實很難直接從目標的角度去設計。這時候，我就反過來問自己，覺得自己現在晚上沒有太多自己時間的最大問題是什麼？為什麼孩子常常要到晚上 11 點才入睡呢？

我先從覆盤的角度，拆解自己目前做了什麼行動流程？這樣想有很大的優點，要去想一個新計畫是更花時間、更有難度，而且難以把握，腦袋也不一定能想清楚。但是，如果只是「想清楚自己實際做了什麼步驟」，這是每個人都做得到的，就算當下忘記，也只要觀察自己一兩天就能記錄出自己實際做了什

麼步驟。然後從自己實際做了什麼行動出發，仔細的「反問每一步行動有沒有問題？」

例如原本都是七點接小孩回家，反問看看難道這個時間是不能提前的嗎？原本常常回家做家事都弄到九點多，反問看看有沒有可能提前這個時間，或是某些家事統一到周末再做？這邊先不要預設可以、不可以，而是從「單純反問」的角度出發，去問每一步行動背後難道不能這樣或那樣？或是這個行動背後隱藏的問題是什麼？

不需要一次推翻自己原本所有的行動，同樣不需要一次解決所有前述列出的問題。我會找出其中一個最關鍵的問題點，然後針對這個問題點，去調整目前的行動流程。這就是防彈筆記中「提問題、設計行動」的筆記核心思考流程。

例如這個真實案例中，我想辦法把行動刪減合併，讓晚上 8:30 前完成家事，並且一定要啟動陪伴小孩完成睡前遊戲與說故事的儀式，才能在 9:30 啟動刷牙睡覺的流程。是否這樣調整行動順序、流程後，任務就直接達成了呢？其實也沒有，後來執行一段時間後發現還是常常拖到 10 點才開始睡覺，於是進一步覆盤拆解，發現一回家，爸媽先輪流洗澡並陪小孩玩遊戲，接著一起合作簡單家事，是更順暢的行動流程，更能在 9:30 啟動刷牙睡覺的程序。

> 但這就是覆盤筆記的效果,透過不斷檢視自己目前的行動步驟,找出其中可能的問題點,每次調整幾步行動,最後滿足工作、生活效能提升的目標。

如果你真的不知道如何開始,哪麼可以建立一則核心任務筆記,拆解看看下面幾個步驟:

📎 **步驟一:寫下一個感覺有問題的具體情境**
📎 **步驟二:列出我在這個問題情境中,實際做了什麼步驟**
📎 **步驟三:問問哪些步驟可能有問題**
📎 **步驟四:挑出一個關鍵問題點**
📎 **步驟五:針對關鍵問題點,調整目前行動**
📎 **重複上述五個步驟的循環**

覆盤筆記最重要的就是要能先拆解出自己做了什麼行動,所以如果一個任務做的當下沒有紀錄與追蹤行動,做完後隔了好幾天才要覆盤,往往都是難以覆盤的。這時候最好的習慣,就是執行任務的當下,就要隨時記錄自己採取的行動。

5-3

把人生寫成一本
屬於自己的書

目標成果	聚焦在寫出好的筆記,也就是寫出好的人生故事
要解決 什麼問題	爲什麼我寫下來的筆記最後都只是死資料? 爲什麼我寫了很多日記卻缺乏重看的動力? 如何讓系統不是死板的整理,而是有趣的人生?
下一步 行動	☐ 練習在工作任務筆記中加入故事性 ☐ 練習在生活筆記中加入任務性 ☐ 練習持續撰寫一則有主題的生活長期任務筆記
下一步 連結	・讓時間成爲值得回憶的故事:〈1-1 防彈筆記,如何改變生產力〉 ・有生命的筆記系統:〈2-3 打造永久型任務筆記〉 ・讓筆記有生命力:〈3-6 從問題演化出有價值的經驗筆記〉

防彈筆記要為大家創造的筆記系統，不是那種看起來結構嚴謹卻太過壁壘分明的系統，而是生活工作互相混合與連結，有完整人生面貌的系統。希望大家擁有的筆記系統是一本自己會想要反覆重看的好書，一本好書比起嚴謹的章節編排，更重要的是每次回味就會在其中的某些段落獲得現在的自己的全新啟發。

寫一本書，意思是我們花了更多時間在「寫」的這件事情上，不只是在收集、剪貼資料，也不是花時間在各種功能技巧上，更不是要花費太多精力去整理，更沒有只是記錄一些流水帳數據，反而應該花費愈來愈多的時間在「寫出」屬於自己更多更好的內容。

在談論防彈筆記法的最後階段，就讓我從自己真實的寫筆記經驗來做分享，如何從寫出一本屬於自己人生的書出發，來回頭看看防彈筆記的「寫筆記」這件事情有些什麼不一樣的意義。

✎ 寫筆記的故事性

我喜歡把自己生活中發生的事情、腦袋中出現的想法、不經意看到覺得有意思的資訊、工作上遇到的問題都記錄成筆記，這一點從很久以前開始就是這樣。不過如果只是片段的收集，很可能我在做的只是「複製剪貼」的工作，例如剪貼一篇網頁文章，或者只是把某個生活經歷流水帳的放進筆記而已。

但這幾年來，我慢慢有觀察到自己強化了「寫作」的部分，也就是把上述那些原本的資料、資訊，「詮釋」成屬於自己的故事。這個轉化的動作，也讓我更多的筆記成為了有故事性的筆記，而有故事性的筆記，就是更能拿出來回憶並重複使用的筆記。

例如一則工作上的任務筆記，以前的我可能頂多就是把待辦清單拆解、任務資料統整到一則筆記中，讓筆記可以好好管理任務執行即可。但是現在的我，會在過程中開始把這些執行過程遇到的問題，我產生的想法，也都像是寫個小故事那樣，同時寫入任務筆記的行動清單或資料後面。

這個小小的「寫作與詮釋」動作，我發現會帶來很深遠的正向效益。首先一個立即可以產生的效果，就是可以幫助自己去意識到這個執行過程中正在發生的問題，很多時候我們不是解決不了問題，只是我們不自覺的卡住了，卡在了原本拆解的行動、計畫當中。但是當有意識地把問題寫下來，然後加以詮釋，用寫作來逼出更多想法，往往就能開始想到改進與調整的行動。

而這樣累積下來的內容，就讓一則本來可能只是冰冷行動清單的任務筆記，具備了故事性。當任務完成後，這則筆記也會讓人想要重複拿出來回味，而且就像是一本書一樣，當多年後拿出來回憶（或者真的有工作上的需要，要拿出來使用），不會只剩下骨架（單純的行動清單與資料），更會在其中許多環

節看到當年真實的血肉故事，這樣重新使用時也才能更真實的重現過往經驗。

✎ 寫筆記的任務性

前面提到面對工作上的那些很明確的任務筆記，以前我只是拆解出行動、統整好資料，而現在我會加上「故事」的詮釋在其中。反過來說，面對那些感覺有用的資料，或是生活中的故事，我則會有意識的透過寫作來詮釋他們的任務。

收集一些看到覺得有用的資料，或是把生活中發生的事件寫下來，這時候都還只是接近「複製貼上」而已。但如果進一步去思考這些內容「未來的情節發展」，並把他們寫作下來，那麼這則資料筆記就加上了任務性。

例如一則讀書筆記，以前的我可能只是做到書中重點資料的整理，但是現在我寫這樣的筆記時，更多的是帶入自己生活、工作、人生當中真實事件的反思。這時候，我們的角色就從一個閱讀者、資料整理者，轉換成一位「寫作者」，而這樣寫出來的自己真實人生的反思，就會讓這則筆記有更多未來情節的發展，因為我們就能帶入到自己真實的現況中運用他（倒還不一定真的要寫出待辦清單）。

　　這個小小的「賦予任務性」動作，則可以幫助我們將更多資料性的、流水帳經驗的筆記，轉變成有更多機會持續發展的筆記，於是這則筆記的寫作就不會只是停留在收集資料的複製貼上當下，而會在未來不斷的寫作累積，成為一則真正的故事筆記，擁有更多這樣的筆記在這本筆記書中，這也是幫自己的生活創造出更多真正的故事。

✎ 寫筆記的主題性

　　以前的筆記，我可能是發生什麼事情就寫一則記錄，於是可能很多類似的經驗最後是散落在多則筆記中。不過如果是一本書的話，通常一個知識主題、一個明確的論點、一個特定的方法，應該會有一篇固定的篇章來討論他。

　　例如這可能是工作上處理合約流程發生過的各種事件，以前我可能就是從事件的角度去處理每一次的突發狀況，但現在我會設定好「合約流程」這樣的主題，有一則固定的筆記把目前最新、最正確的合約處理流程，以及發生過有參考價值的特殊經驗，逐步修改，寫進這則固定筆記當中，讓這則筆記成為一個永久型任務筆記，以後需要這個工作問題解決，就只要回到這則有主題的固定筆記來找，就像書中有一個明確的章節可以參考一樣。

比較進階一點的版本，就像是我也修改了好幾年的孩子情緒練習筆記，在這則筆記中我有意識地反省自己與孩子溝通、合作的過程，每一次的寫作都會包含了前面所說的故事性（對於發生了什麼的詮釋與反省），以及任務性（未來可以怎麼發展的期盼），但是持續累積在這則主題筆記中。同樣的，這樣的筆記會幫助我慢慢的累積出一些更有幫助的做法與改變，當然生活中的這個主題也會帶來更好的結果。

把筆記寫成一本屬於我們自己的書，把我下面幾個原則，只要持續的撰寫，我們的筆記系統就會是有意義的系統：

📎 **故事性**：透過寫作來詮釋屬於我自己的問題，而非總是複製剪貼。

📎 **任務性**：在寫作中發想未來的情節，讓筆記變成一個可以繼續發展的起點。

📎 **主題性**：找出事件背後共通的主題，用固定筆記去累積主題，也就是為自己的人生創造更多有價值的主題。

最後，雖然筆記的關係可以是網絡狀，但我還是可以為「現在的我」設計一個目標大綱、一個行動提醒系統，這其實也就是設計現在的工作流程、生活架構，也是在排出現在的我所認為的優先順序、前後進度。重要的是「為自己設計大綱」這個動作，才能讓筆記成為我自己專屬的書。

5-4

用防彈筆記建立
高產出的學習寫作流程

目標成果	用防彈筆記讓學習、寫作真正完成有價值的成果
要解決 什麼問題	為什麼寫了很多筆記但是寫作時用不到？ 為什麼寫了很多筆記但還是沒有學會？
下一步 行動	☐ 利用核心任務筆記保護寫作想法 ☐ 利用三種行動刺激更多寫作想法
下一步 連結	・不是記住而是學會的筆記：〈2-1 建立核心任務筆記〉

前面的防彈筆記技巧看起來大多是聚焦在工作、生活任務與生產力的管理上，那麼針對許多人寫筆記想要達成的「學習」、「寫作」目標，防彈筆記法是否也可以有幫助呢？可以的，因為學習、寫作也是非常明確的任務與目標，關鍵的思維改變就在於〈2-1 建立核心任務筆記〉提到的：「筆記真正的用途不是怕忘記，就像你唸書準備考試時寫的筆記不只是為了要記住，而是為了要通過考試吧！於是有些同學可能用怕忘記的思維，寫下一大堆重點，但考試還是無法通過。有些同學用通過考試的思維，根據考試應答邏輯寫下有條理的讀書筆記，光是讀他的筆記就能幫助許多人通過考試，這時候這些筆記的用途難道是怕忘記嗎？當然不是，這些筆記的用途就是直接幫你通過考試。」

　　我們在寫作、學習過程寫下的筆記，只是怕忘記的筆記，還是為了完成任務的筆記呢？這就是我們的筆記是否能真正幫助我們完成寫作、學習的關鍵。

　　這裡我們把防彈筆記法轉換成三個階段，來看看可以如何幫助我們的學習寫作產出。

✎ 階段一：從核心任務筆記開始寫，隨時都能產出

曾經不只一次收到這樣的讀者詢問：「為什麼 Esor 可以長達 15 年以上的時間，持續保持一定品質與數量的文章寫作產出呢？」事實上，我的寫作產出不僅僅只是在電腦玩物部落格的文章中。因為我日常的工作是出版業、講師業，所以平常工作上還有更多一般讀者可能看不到的寫作產出。

你可能因為我會安排什麼寫作時間，但其實就跟所有時間管理都不是因為排好行事曆而成功一樣，寫作計畫的行事曆，最後只會帶來更大的壓力，讓自己更不想執行，而且時間到了如果腦袋一片空白，我們要如何寫作產出？

在《卡片盒筆記法》中也有提到：「寫作常常是一直不斷的修改、反思的過程，怎麼可能用一個計畫來實現？任何的寫作，乃至於目標的完成，都是從一個有智慧的小小碎片開始寫。」卡片筆記法中所說把寫作從「打開一篇空白文件，準備把他寫完」，轉換到「寫下一則一則獨立的想法、觀點筆記」，我也深感認同。

而在「防彈筆記法」中我們要建立的一則一則獨立的想法、觀點筆記，就是核心任務筆記。當我要開始寫一本書的時候，

其實我往往是先從一則一則對於這本書主題的各種觀點筆記、方法筆記、論點研究筆記開始。當我平常在持續進行部落格文章寫作時，我並非先設定好一定要寫的文章主題，然後打開寫作軟體開始寫，而是在筆記中把下面這幾種題目先寫成一個核心任務筆記單位：

📎 一個要解決的問題

📎 可能有效的一個獨立技巧

📎 一個有待釐清的事件情境

📎 或是一個感覺可以測試的工具功能

我有一個寫作筆記本，多年來一直維持著起碼 200 則以上「還不確定如何寫成文章」，但已經構成可以行動、研究、思考的核心任務筆記單位。這時候，即使是搭車時、開會時、走路時、閱讀時、看電視時、自己思考時，都有可能產出很多「想法的筆記單位」，而這就是寫作的第一步。

✏ 階段二：用非寫作行動引誘出內容

只有題目沒有內容的筆記永遠也無法成為寫作素材，那麼要如何引誘出內容呢？可以利用一些「非寫作計畫的下一步行動」，讓無法產出的我們開始有效的產出草稿，例如什麼行動

呢？我常做的有下面三種：

測試實踐：

- 利用各種可能空檔，在實際工作生活中實踐看看想法，然後把經驗寫回前面的筆記單位。例如是一個工具，當然要實際用案例測試看看。如果是一個方法，自己就是最好的測試者。如果是一個想法，還可以利用訪談、聊天的方式做實踐。

- 這些都是屬於行動，只是好像不是單純的寫作，卻會增加自己筆記單位的內容。

思考醞釀：

- 在筆記單位中列出問題點，在意識、潛意識中蘊釀想法，修正回筆記單位。意識的行動，是針對這些問題點，可能去找參考資料，可能去找可以解決問題的解答。潛意識的意思，則是可能沒有明確行動，但實際工作生活中碰到一些新的經驗，我們自然就更容易連結回這些問題點，於是很多新的想法就會蹦出來。

- 但很重要的是，我們要先在筆記單位中列出問題點，後面這些才會發生。

閱讀資訊、學習方法：

- 閱讀、學習當然看似都是很好的寫作相關行動，不過我覺得最重要的是，要先有「筆記單位」，也就是先有自己的問題、想法、情境等，這時候閱讀與學習才會知道內容要累積到哪一個筆記單位。
- 於是慢慢長大的筆記單位，才有可能成為真正寫作的素材或草稿。

上述三種行動，會在筆記單位中慢慢累積內容，然後我們會慢慢看到某些可以寫出來的主題。而這些筆記內容的拆解，其實就呼應了〈3-2 三個問題、三種行動轉化筆記〉中的關鍵方法。

這些時候，就像我們在〈2-2 保持動態演化筆記〉提到的方法，會有愈來愈多暫時筆記發展成核心任務筆記，並且在這些筆記中發展出實際可以撰寫的內容。

階段三：在多則核心任務筆記中累積寫作

確實，為了保持文章產出，我確實會有一個「大概的計畫」，把近期想推進的筆記（文章）單位列出來。但是，我往往同一

時間會推進很多則筆記單位,甚至很多則草稿的寫作。而且我不會要求自己今天一定要產出哪一篇主題,或是一定要在哪個時段寫作。但是在多頭並進的彈性計畫中,往往自然就會累積出一兩篇「想法醞釀成熟了」、「方法測試有效了」等等,覺得值得並可以正式寫成文章的內容。

在前面所説,隨時保持 200 多則以上的(尚未完成、寫作相關)筆記單位中,我保持每天都在這些筆記單位裡寫一點的進度,但具體寫哪一則是不固定的,甚至寫的時間也常常不固定,而是根據自己的想法,甚至有時候根據自己的心(覺得今天最有興趣、有感覺)去寫。

但是由下而上,這些筆記單位都會慢慢往前推進,而有些就會開始推進到一個「臨界點」,這個臨界點會讓你知道,這篇文章成形了,只要再把大綱架構得更完整、多收集一些資料、再做一點點分析,就可以寫完了。

這樣的寫作流程,是一種累積型的寫作,但寫作需要的正是這樣的累積。而到了這個時候,已經有草稿、有題目,有許多相關的內容,到一個寫作主題完成到「只是需要寫完」的階段,就可以真正安排寫作計畫了!

5-5

用防彈筆記克服拖延

目標成果	透過正向核心任務筆記，形塑正向積極自己
要解決 什麼問題	總是給自己貼標籤，總是陷入拖延的自責中？ 常常覺得自己不夠好，於是做什麼事情更沒有 動力？
下一步 行動	☐ 完成一則任務筆記，解決一個問題 ☐ 累積更多解決問題的筆記 ☐ 從更多解決問題的筆記看到解決問題的自己
下一步 連結	・寫筆記解決時間管理問題：〈2-1 建立核心任 　務筆記〉 ・健康系統讓自己不易拖延：〈3-1 防彈第一步： 　集中處理〉

來到本書的最後一個單元，我們已經掌握了防彈筆記的原則，並且練習了執行的流程、整理的方法，也談論了延伸的應用，而這趟筆記旅程的目的就是要保護自己的生產力，所以這個單元讓我們用防彈筆記如何讓自己更有動力、克服拖延來作為本書的總結。

在〈2-1 建立核心任務筆記〉中我們提到：「與其糾結著自己時間管理的問題是鍛鍊專注力、克服拖延、改變（我無法改變）的環境，如果說最有效的解決辦法其實是改變寫筆記的方法，建立核心任務筆記就能搞定這種雜亂的工作流程。」為什麼這樣說呢？因為很多時候，並非真正是拖延、分心等等問題，而是我們對於事情細節思考的還不夠清楚，對於自己的實際經驗還缺乏反思的問題。

例如有一次的時間管理課程收到這樣的回饋：「（該位學員）每日有很多人員面談會議，結束後要完成記錄回報主管；時常堆積到星期五才將星期一的會議紀錄發出，且花很多時間在整理當初的會議紀錄。」

一開始學員也覺得是自己個性拖延的問題，但是課堂中我特別提醒，很多時候我們把時間管理的問題歸咎在自己拖延、不專注、沒有毅力上，其實反而會蒙蔽了真正解決問題的方法，也讓自己變得更痛苦。那要怎麼辦呢？我會建議，與其把自己貼上「我就是怎樣」的標籤，不如回到自己「基本的行動步驟」上去尋找問題，調整流程。

就像如果從工作流程來檢視問題，可能會發現：「為什麼會議過程中我什麼紀錄都沒有，導致會議結束還要花很多時間整理？於是也導致了我想要拖延？」如果從這個角度來檢視與調整，或許要解決的不是我愛不愛拖延，而是如何讓會議結束後有一個基本記錄，讓我可以更輕鬆完成？在這樣的溝通後，那位學員把他的工作流程調整為「會議前先準備大綱與問題」、「會議中在大綱中記錄關鍵字句」。

這個過程，其實就是防彈筆記中「核心任務筆記」的拆解過程，把自己遇到的問題、事件寫下來，利用防彈筆記的技巧好好拆解，最後找到問題的解決辦法，或者起碼這個問題可以繼續推進的下一步行動。

這時候你會發現，我們很多時候真正要解決的問題不是我個性愛不愛拖延，每個人其實都有想拖延跟不想拖延的多重面向，並非全部就是愛拖延，或者全部都是不會拖延的。把自己貼上個性拖延的標籤，很容易陷入這種非黑即白的陷阱，但反而是變成自己真的會拖延的理由。

但如果我們不要貼上這種標籤，反而老老實實地去檢查工作流程步驟上的問題，結果發現，其實是因為「我在面談會議時沒有採取一些方法做記錄」，於是我調整一下步驟，在會議前先準備方便記錄的大綱，會議中就能快速做關鍵字句的記錄，會議後也就有整理起來更輕鬆的草稿。

而且當採取解決步驟之後，我們發現自己「原來可以當天完成會議記錄就寄出」，反而有助於形塑我們想要的那種「不拖延」的個性，甚至在別人的評價裡我們是不容易拖延的人。

> **如果能夠經歷過幾次這樣解決問題的流程，累積更多這樣的核心任務筆記，反而會開始形塑出那些自己期望的正向性格，這些成功的核心任務筆記才真正代表了我自己。**

期待透過本書的防彈筆記法，讓我們簡單、精準建立一個保護生產力的工作流程，但也在這樣的流程中持續累積認識自己、成就自己的核心任務筆記，在不斷的覆盤修正中，我們不僅獲得一個更有效的每日行動清單，這一整套系統也幫助我們確認自己的價值，提供自己動力。那麼，這本書的價值也就完成了。

【View 職場力】2AB964

防彈筆記法：
簡單輸出式筆記架構，保護高產出、高效能心流

作者	電腦玩物站長 Esor
責任編輯	黃鐘毅
版面構成	江麗姿
封面設計	任宥騰
行銷企劃	辛政遠、楊惠潔
總編輯	姚蜀芸
副社長	黃錫鉉
總經理	吳濱伶
發行人	何飛鵬
出版	創意市集
發行	城邦文化事業股份有限公司
	歡迎光臨城邦讀書花園
	網址：www.cite.com.tw
香港發行所	城邦（香港）出版集團有限公司
	香港灣仔駱克道 193 號東超商業中心 1 樓
	電話：(852) 25086231
	傳真：(852) 25789337
	E-mail：hkcite@biznetvigator.com
馬新發行所	城邦（馬新）出版集團
	Cite (M) SdnBhd 41, JalanRadinAnum,
	Bandar Baru Sri Petaling, 57000 Kuala
	Lumpur,Malaysia.
	電話：(603) 90578822
	傳真：(603) 90576622
	E-mail：cite@cite.com.my
印刷	凱林彩印股份有限公司
	2024 年（民 113）1 月 初版 7 刷
	Printed in Taiwan.
定價	380 元

如何與我們聯絡：

1. 若您需要劃撥購書，請利用以下郵撥帳號：
郵撥帳號：19863813 戶名：書虫股份有限公司

2. 若書籍外觀有破損、缺頁、裝訂錯誤等不完整現象，想要換書、退書，或您有大量購書的需求服務，都請與客服中心聯繫。

客戶服務中心
地址：10483 台北市中山區民生東路二段 141 號 B1
服務電話：（02）2500-7718、（02）2500-7719
服務時間：週一至週五 9：30 ～ 18：00
24 小時傳真專線：（02）2500-1990 ～ 3
E-mail：service@readingclub.com.tw

※ 詢問書籍問題前，請註明您所購買的書名及書號，以及在哪一頁有問題，以便我們能加快處理速度為您服務。

※ 我們的回答範圍，恕僅限書籍本身問題及內容撰寫不清楚的地方，關於軟體、硬體本身的問題及衍生的操作狀況，請向原廠商洽詢處理。

※ 廠商合作、作者投稿、讀者意見回饋，請至：
FB 粉絲團・http://www.facebook.com/InnoFair
Email 信箱・ifbook@hmg.com.tw

ISBN：9789860769944（EPUB）

國家圖書館出版品預行編目資料

防彈筆記法：簡單輸出式筆記架構，保護高產出、高效能心流 / 電腦玩物站長 Esor 著 .-- 初版 -- 臺北市；創意市集出版；城邦文化發行，民 111.7
面；　公分

ISBN 978-626-7149-09-6（平裝）
1.CST: 筆記法 2.CST: 工作效率

019.2　　　　　　　　　　111008367